ZE FRENCH DO IT BETTER

法國佬，幹得好！
走透巴黎的法式生活完美指南

原文書名	Ze French Do It Better：Le Manuel du Frenchy parfait
作　　者	斐德希克‧維塞（Frédérique Veysset）、瓦蕾西‧德‧聖琵耶（Valérie de Saint-Pierre）
譯　　者	謝珮琪

總 編 輯	王秀婷
責任編輯	李　華
版　　權	徐昉驊
行銷業務	黃明雪、林佳穎

發 行 人	涂玉雲
出　　版	積木文化
	104台北市民生東路二段141號5樓
	電話：(02) 2500-7696 ｜ 傳真：(02) 2500-1953
	官方部落格：www.cubepress.com.tw
	讀者服務信箱：service_cube@hmg.com.tw
發　　行	英屬蓋曼群島商家庭傳媒股份有限公司城邦分公司
	台北市民生東路二段141號2樓
	讀者服務專線：(02)25007718-9 ｜ 24小時傳真專線：(02)25001990-1
	服務時間：週一至週五09:30-12:00、13:30-17:00
	郵撥：19863813 ｜ 戶名：書虫股份有限公司
	網站：城邦讀書花園 ｜ 網址：www.cite.com.tw
香港發行所	城邦（香港）出版集團有限公司
	香港灣仔駱克道193號東超商業中心1樓
	電話：+852-25086231 ｜ 傳真：+852-25789337
	電子信箱：hkcite@biznetvigator.com
馬新發行所	城邦（馬新）出版集團 Cite（M）Sdn Bhd
	41, Jalan Radin Anum, Bandar Baru Sri Petaling, 57000 Kuala Lumpur, Malaysia.
	電話：(603) 90578822 ｜ 傳真：(603) 90576622
	電子信箱：cite@cite.com.my

製版印刷：上晴彩色印刷製版有限公司

城邦讀書花園
www.cite.com.tw

2020年 11 月19 日　初版一刷　印量：2200
售　價／NT$ 480
ISBN　978-986-459-249-4
Printed in Taiwan. 有著作權‧侵害必究

Originally published in French as *Ze French Do It Better*：*Le Manuel du Frenchy parfait* © Flammarion, S.A., Paris, 2019
Editorial Directors: Gaelle Lassee et Kate Mascaro, assisted by Helen Adedotun, Clara Jaguenet, Tiyana Tasic et Sam Wythe, Design: Atelier Choque Le Goff, Illustrations: Hubert Poirot-Bourdain

Complex Chinese edition: © Cube, 2020
This copy in Complex Chinese can be distributed and sold Worldwide including Taiwan,Hong Kong and Macao, but excluding PR China

國家圖書館出版品預行編目資料

法國佬，幹得好！走透巴黎的法式生活完美指南/ 斐德希克.維塞(Frédérique Veysset), 瓦蕾西.德.聖琵耶(Valérie de Saint-Pierre)著；謝珮琪譯. -- 初版. -- 臺北市：積木文化出版：家庭傳媒城邦分公司發行, 2020.11
　　面；　公分
譯自：Ze French do it better : le manuel du Frenchy parfait
ISBN 978-986-459-249-4(平裝)

1.社會生活 2.文化 3.法國

742.3　　　　　　　　　　109016475

Ze French Do It Better

法國佬，幹得好！

走透巴黎的法式生活完美指南

Frédérique Veysset
斐德希克‧維塞

Valérie de Saint-Pierre
瓦蕾西‧德‧聖琵耶 —— 著

謝珮琪 —— 譯

INTRO
DUCTION 導言

本書的原文書名「Ze French do it better」（法國佬，幹得好），到底是大言不慚，還是真知灼見呢？這句話聽起來實在有點狂妄，不過，漫步凡爾賽鏡廳與攀登艾菲爾鐵塔的數百萬遊客應該都不會否認。不得不說，大自然真的寵壞了法國：六角形國土四面環海，另外兩面以阿爾卑斯山和庇里牛斯山作為天然屏障，美食家於此品嚐多樣風土孕育的美味，踏青者走跳玩耍的地區目不暇給，喜愛靜修的人能在風景各異的好山好水中沉思，還有多到滿出來的博物館與城堡，能讓好奇寶寶們看到眼瞎，智慧手機拍到沒電，甚至走到運動鞋底都磨破！

法國人總覺得不可思議，為什麼外國人常常說他們既自大又浮誇？法國的葡萄酒如此香醇，是法國人的錯嗎？環法自行車賽這麼具有傳奇性？法國的女人如此苗條迷人？長棍麵包如此酥脆可口？法國的生活如此甜美安逸？姆巴佩（Kylian Mbappé）踢球這麼迅速敏捷？黃背心這麼令人心惶惶？法國人對天發誓，絕對不是故意的！

　　那麼，法國人到底有什麼訣竅，能如此天真爛漫地享受地球上最令人豔羨的生活藝術之一？答案其實不只一個，因為法國有很多互不相干的族群，卻又能化整為零，奠定共同文化基礎。無論是城市人或鄉巴佬，城郊居民或莊稼漢，謙謙君子或賭王老千，法國人其實有時候不自覺地被隱形的牽絆綁在同一個染缸裡生根發芽。這個亂七八糟而色彩繽紛的染缸裡，有性感小野貓碧姬‧芭杜（Brigitte Bardot）、聖母院（Notre-Dame）、伏爾泰（Voltaire）、席丹（Zidane）、香奈兒五號、太陽王路易十四、LV、香榭麗舍大道、巴爾札克（Balzac）、戴高樂將軍、尚－保羅‧高緹耶（Jean Paul Gautier）、魯布托高跟鞋（Louboutin）、香檳、Dior、沙特（Sartre）、馮絲華‧哈蒂（Françoise Hardy）、琵雅芙（Piaf）和巴頌斯（Brassens）、碧翠斯‧黛兒（Béatrice Dalle）、高盧漫畫人物阿斯泰利克斯（Astérix）與奧勃利（Obélix）、保羅‧博格巴（Paul Pogba）、劇作家雅絲曼娜‧雷莎（Yasmina Reza）以及饒舌歌手喬伊‧史塔爾（JoeyStarr）。這些各異的族群都有無與倫比的生活風格，讓我們一齊領略個中奧妙，看看什麼是法國！

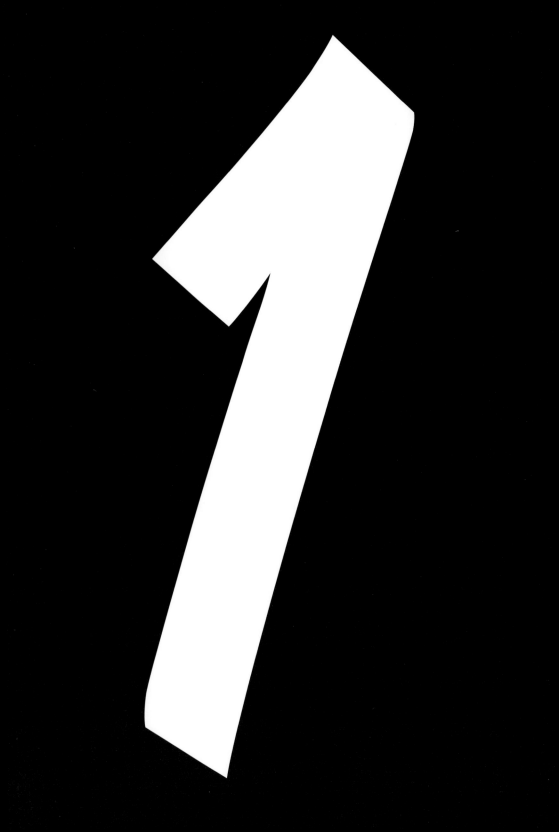

法國萬歲

VIVE
LA FRANCE

« COMMENT PEUT-ON ÊTRE FRANÇAIS »

如何成為法國人？

「喔！先生，你是法國人？真是太特別了！要如何成為法國人呢？」

──羅伯特・寇普（Robert Kopp）改寫自孟德斯鳩《波斯人信札》

　　大家都知道法國人長什麼樣子。要辨認他們太簡單了：他們腋下一定夾著一根法國長棍麵包，頭與圓扁帽形影不離，手上還很不可思議地捧著杯香檳。法國男人經常以行家的姿態評論環法自行車賽的每一個賽程，而他們的妻子則是完美地散亂著頭髮，即使每天狼吞虎嚥數公斤的馬卡龍，身材卻依然穠纖合度，搖曳生姿走過的地方都留下一縷香奈兒五號香水芳蹤。當然，他們也在艾菲爾鐵塔前的戰神廣場跟朋友玩滾球，再與飽讀詩書的健談人士到舒適的巴黎小酒館度過愉快的一晚⋯⋯啊！差點忘記，這個美好世界的晚餐一定是以卡蒙貝爾乳酪（Camembert）畫下完美句點！法國人對於全世界加諸於他們身上的傳說照單全收，甚至還熱愛加油添醋！必要的話，他們也會高唱馬賽進行曲：「拿起武器，公民們！」誓死捍衛保護以下十項典型法蘭西象徵！

①LA BAGUETTE

法國長棍麵包

FOURNIL DES CHAMPS
田野麵包坊

在Roland Feuillas這間著名的麵包店,可以找到100%天然成分的麵包。這位麵包達人從種小麥到烘焙,完全一條龍服務。用古老石磨現磨的古典小麥,加上天然酵母,並經過長時間發酵,成就了宛如奇蹟般的麵包。

68, rue Pierre-Charron, 75008 Paris

傳說,在十九世紀末的巴黎地鐵興建期間,為了避免建築工人拿麵包刀殊死鬥毆以至延緩工程進行,工程師芙尚斯·碧昂維努(Fulgence Bienvenüe)拜託麵包師,製作一款不須刀子即能撕斷的長型麵包,法國長棍麵包於焉誕生!全世界才有了最好吃的三明治,也才有了眾所周知廣受學童喜愛的下課點心:夾入一塊黑巧克力的隔夜長棍麵包,令人迫不急待地大口咬下,臉頰因用力咀嚼而變形也不在乎!第二次世界大戰時,天然酵母及酵母粉都付之闕如,導致最重要的步驟——發酵,都得依靠添加物。這個壞習慣因為能降低成本與時間,而在戰後被保留下來,導致長棍麵包在法國人心目中的地位一落千丈。情況嚴重到法國政府不得不出面干預,試圖一手掌握麵包政策。1993年,通過法令制定了一套嚴格的製作規格,即為著名的「傳統」長棍麵包;終結「胡作非為」的長棍麵包時代,回歸昔日利用麵粉、鹽、水、酵母與長時間發酵的美好時光!長棍麵包也變成了令人崇拜的聖物,如果是老王賣瓜的麵包店,價格有時還水漲船高。法國人再次為了買長棍麵包而在週日或每天晚上七點大排長龍,而且眾口一致,開心雀躍地說:「噢!還是熱的呢!」然後在回家的路上刻不容緩地咬下長棍麵包酥脆的尖端。

以前，沒有人喜歡這座「鐵娘子」，連它的設計師古斯塔夫・艾菲爾（Gustave Eiffel）也不例外；他的建築工作室呈上設計圖的當下，他還興趣缺缺！不過，這個「世界最高塔」的企劃終究還是虜獲了艾菲爾的心，畢竟這是能一展畢生絕學的最佳時機。隨後，他在1889年萬國博覽會打敗一百零七個競爭群雄，奪得設計首獎。由工人、工程師與走鋼索達人開始負責組裝鐵塔的金屬部件。但遭到眾多藝術界人士同聲撻伐，象徵派詩人魏爾倫（Paul Verlaine）直指鐵塔是「鐘樓的骷髏」，定會讓巴黎毀容。然而，抨擊文章、抗議信、甚至請願連署書，都沒能阻止群眾前仆後繼前來瞻仰終於完工的鐵塔。好景不常，歲月如梭，好奇心似箭迅速消逝，大家開始想要拆毀鐵塔。古斯塔夫・艾菲爾為了保住鐵塔，在塔尖上裝設了小型氣象站。後來被軍隊用來當作發射臺；1914年的時候在馬恩河成功逮到德國人，可全歸於它！艾菲爾

鐵塔同時也是無線電報的發射天線、新式電話的中繼站，與電視及廣播電臺的發射臺，已經是法國不可缺少的一員。1944年，兵敗潰逃的希特勒下令將鐵塔與巴黎一起夷為平地——謝天謝地，柯爾提茲將軍選擇了抗命！巴黎被解放之後，換美軍在鐵塔上安裝雷達。直到1960年代，艾菲爾鐵塔才成為最夯的旅遊勝地，排隊人龍不斷刷新紀錄。大部分的巴黎人厭惡排隊，二月淡季時，才會帶孩子來趟啟蒙之旅。每個整點會閃爍五分鐘（原本要慶祝千禧年的夢幻奇景持續到現在）的鐵塔，令巴黎人看整個晚上也不厭倦——他們IG帳號上tag的 #iloveparis就是證明！若能在7月14日國慶的晚上，被邀請到可遠眺鐵塔的公寓，觀賞從鐵塔腳下發射的燦爛煙火，簡直令時尚教主也甘拜下風！不過，巴黎人可不會穿著像蛋白糖霜的新娘禮服，以鐵塔輪廓為背景拍結婚照——那是俗不可耐的一件事啊！

② LA TOUR EIFFEL 艾菲爾鐵塔

格子桌布、鋅皮吧檯、馬賽克地磚、有點磨損的皮製長
凳、木頭座椅、還有可單點的家常料理，不用懷疑！你來到一
家「正宗小酒館」（或是百分之分百複製打造，而這有時正是
問題所在）！也就是小資家庭的御用廚房。雖然被遺忘了好些
年，最近又恢復往日的輝煌──這相當正常，因為小酒館就是
這麼平易近人，而且便宜又實惠。一家名符其實的小酒館，難
免會勾起人們對於某些菜餚的回憶──那些只有奶奶或母親才
知道如何花時間精燉細熬的菜餚。多年前對其嗤之以鼻的人，
現在則是癡迷不已。這門簡單又振奮人心的家常烹飪藝術，也
令年輕主廚們各個興味盎然，並樂於重新詮釋水煮蛋沾蛋黃醬
及根芹沙拉等傳統菜餚。至於全世界的素食者們，請慎入！在
這裡，肉類才是王道：小牛肝配歐芹、內臟香腸佐薯條、烤小
羊腿佐笛豆、布根地紅酒燉牛肉跟彎管通心麵，而且當然還要
以珍藏的美味小酒佐餐。

③ LES BISTROTS 小酒館

LE CHANEL N°5
香奈兒五號香水

　　香奈兒五號香水誕生於1921年，始終是世上最暢銷香水排行的前十名。可可·香奈兒很可能是透過情人羅曼諾夫大公（grand-duc Dimitri Pavlovitch）的引薦，才將研發香水的重責大任交付俄國宮廷的御用香水師恩尼斯·鮑（Ernest Beaux）。恩尼斯也是推崇「香水業的未來掌握在化學家手中」的先驅，因為當時流行以天然精油研釀香水，香味不但無法持久，也缺乏個人特色。恩尼斯希望研發一款香味持久，又不易被模仿的香露，因此他首次運用了二十世紀初發現的合成化學物（提取自碳氫化合物），將其與珍貴精油如法國五月玫瑰、葛摩群島伊蘭花、印度邁索爾檀香……等混和。恩尼斯將完成的香水樣品放在寫上編號的瓶子裡讓可

可·香奈兒過目，後者基於迷信，選了她的幸運數字5號。這個數字即成為香水的名字，並在5月5日上市！可可·香奈兒的情人以帝國衛隊的伏特加酒瓶為靈感，替五號香水設計了優雅拔萃的香水瓶。雖然可可·香奈兒與帥哥大公的戀情無法天長地久，兩人相戀時迸發的五號香水奇蹟卻始終不渝。對於中生代的法國人，若不是把五號香水擦在耳後然後學瑪麗蓮·夢露裸睡，就是母親或祖母會在出門前用玻璃香水瓶塞輕拍頸部。就像記憶中，樓上美麗芳鄰搭過後香得離譜的那部電梯，都是法國人心目中的小瑪德蓮蛋糕（譯註：典故來自普魯斯特《追憶似水年華》）。

chanel.com

ROGER鑄造廠

早在電玩問世之前，法國小孩就開始玩環法自行車賽的遊戲，用的是Roger鑄造廠的自行車選手人偶與彈珠。以前以鉛灌注，現在改用薩馬克合金（鋅壓鑄合金）鑄造的人偶，不僅仍然使用1930年的模具並堅持手工彩繪，也始終是全世界收藏家夢寐以求的逸品。

fonderieroger.fr

環法自行車賽家喻戶曉，一個世紀多以來，已成為傳說，也是法國觀光業秀場。1903年7月1日，一家體育雜誌社舉辦了環法自行車賽，第一批自行車愛好者從埃松省（Essonne）蒙熱龍鎮（Montgeron）的Le Réveil Matin咖啡館出發。比賽路線分為六階段，穿越法國各主要城市。當年有轉播的媒體，銷量紛紛打破紀錄。1911年，環法自行車賽因其賽程路線經過被德意志帝國於1871年併吞的阿爾薩斯－洛林地區，當地民眾夾道歡迎時藉機展現法蘭西愛國情操，觸怒了德國皇帝威廉二世。環法自行車賽頭幾年的觀眾人數雖然少，但他們頌讚勇氣可嘉的自行車選手淋漓盡致地展現法蘭西共和國價值，並形容選手們是在「小女王」[1]上賣力揮汗的「肌肉貴族」。電視臺於1950年代開始轉播賽事，征服了更廣大的觀眾。1960年，戴高樂將軍親身蒞臨比賽，將環法自行車賽的名聲推上了巔峰。1975年季斯卡總統首開先例，在終點站頒發黃運動衫給冠軍，自此成為傳統。環法自行車賽享譽國際，吸引全球好手前來挑戰。即使不熱衷自行車運動的法國人，也都在勤追賽事的自行車迷爺爺家度過夏天時被灌輸各種知識。「成為普利多」這句話的典故，來自1960到1970年代的優秀自行車選手普利多（Raymond Poulidor）[2]，形容一個人永不放棄。很多人即使沒有讀過布隆丹（Antoine Blondin）的報導，也都知道這號1950年代的風雅作家，他因為太愛環法自行車賽，為《隊報》（*L'Équipe*）寫報導並連續追了27屆的賽事。

譯註1：荷蘭的Wilhelmine女王喜愛騎自行車，1890年即位時年僅十歲，法國人稱她為「自行車上的小女王」，從此也用來指稱自行車。
譯註2：Raymond Poulidor從沒在環法自行車賽上奪冠，然而他卻是登上領獎臺次數最多的人。

⑤

LE TOUR

環法
自行車賽

DE FRANCE

LA PÉTANQUE

滾球

1789年8月4日那一夜，貴族的特權制度被廢除後，法國人民總算能重拾被貴族禁止的滾球之樂。羅馬人將滾球遊戲的老祖宗帶到法國，爾後成為高盧人民最喜愛的遊戲；神職人員擔心法國人會因而玩物喪志，不熱衷宗教活動，還曾試圖禁止滾球遊戲。當然不會有成效！因為自十九世紀以降，滾球已經成為法國人最愛的娛樂！不僅家族在滾球場比賽並合影留念，還有村際友誼賽，以及1894年即開始舉辦的錦標賽，選手們手到擒來可謂家常便飯！

1907年於普羅旺斯，為了一位因風濕而癱瘓的玩家設計了大名鼎鼎的滾球遊戲（法文pétanque原意為pieds tanqués，指雙腳不移動），自此誕生了散發著南法與茴香酒芬芳的滾球史詩。以南法口音（像小說家Marcel Pagnol描述的那樣）議論著球賽，總是會讓法國人會心一笑，甚至連北部的敦克爾克到南錫的法國人也不例外。滾球原本被視為開心退休老人的「運動」，這幾年也吹起一股小清新——年輕的都市新貴愛上在夏天成群結隊，穿著時尚無比的Riviera懶人鞋（模仿老派滾球人士穿的洞洞鞋）拋擲滾球，並試圖來個完美「carreau」（清球，用自己的球將對手的球彈掉，而自己的球留在對手球原來的地方），但也許很不幸地只是「casquette」（自己投擲的球低空擦過對手的球，完全沒有讓球移位）。

OBUT球器具行

OBUT是許多最權威賽事的供應商，自1955年就在羅亞爾河地區以生鋼製作各式滾球：光滑的、有溝痕的、純鋼的、碳纖的、緩衝式、軟鋼、半軟鋼……用來以高手的姿態挑戰傑克小豬（滾球遊戲的目標色球）絕對萬無一失。OBUS甚至還推出專屬乳液無微不至地呵護寶貝滾球，以及一座讓你瞬間成為滾球達人的主題博物館。

obut.com

⑦ LE BÉRET

貝雷帽

MAISON LAULHÈRE
羅蕾荷工坊

成立於1840年，自二戰以來一直為法國軍隊以及其他軍事部隊提供物資。傳統貝雷帽仍然在奧洛龍－聖－瑪麗（Oloron-Sainte-Marie）製作，採用美麗諾羊毛，並飾以法國黑山（Montagne Noire）的皮革；傳統的貝雷帽側邊綴以細帶蝴蝶結（黑色、黃色或紅色）以供辨識。

laulhere-france.com

扁平如圓餅的羊毛針織帽，長久以來一直是貝亞恩（Béarn）牧羊人、小學生或法國老紳士的專屬配件，後來才成為革命分子與軍人的象徵。第一次世界大戰之後，法國女人解放了自己，也拋棄了馬甲與繁複的服裝。她們開始穿上長褲，也採用了更具功能性的男性服飾與配件。就像貝雷帽，有寬有窄，能增添色彩也有裝飾功能，開始出現在高級時裝伸展臺以及明星的頭頂；如阿爾萊蒂（Arletty）、丹妮爾·黛麗尤（Danielle Darrieux）、瑪琳·黛德麗（Marlene Dietrich）、葛麗泰·嘉寶（Greta Garbo）或是洛琳·白考兒（Lauren Bacall）。而一位初出茅蘆的少女蜜雪兒·摩根（Michèle Morgan），則在《霧港》（*Le Quai des brumes*）這部知名電影中，戴著貝雷帽，在路燈的光芒下與尚·嘉賓（Jean Gabin）演出了法國電影史上最深情的吻戲之一，也讓貝雷帽的魅力無遠弗屆。碧姬·芭杜手裡拿著衝鋒槍與賽吉·甘斯柏（Serge Gainsbourg）對唱《Bonnie and Clyde》時，也是戴著貝雷帽。興建比亞里茨（Biarritz）宮殿的建築工人頭上戴著的有趣帽子，被拿破崙三世稱為「巴斯克貝雷帽」（le béret basque），其實總是走在潮流尖端，如今再度受到卡拉·迪樂芬妮（Cara Delevingne）、蕾哈娜（Rihanna）、貝拉·哈蒂德（Bella Hadid）等名人的青睞。不過，要遇到戴著貝雷帽的巴黎人猶如海中撈月，除非11月11日或5月8日在凱旋門前面，而且不會是年輕人！

不管是叫做「claquos」（音：克拉寇）還是「calendos」（音：卡朗兜），卡蒙貝爾總之是個謎樣的傳說。這個花皮軟質乳酪誕生1791年，出自諾曼第同名小村莊的小農之手，與布里（Brie）及庫洛米耶爾（Coulommiers）乳酪是表兄弟。拜十九世紀連結巴黎與利雪（Lisieux）及康城（Caen）的火車之賜，巴黎人才有幸一親諾曼第珍貴物產之芳澤；從此只需六個小時，卡蒙貝爾乳酪就能安穩無恙地躺在小木盒中，直達巴黎人的餐桌。到了二十世紀，卡蒙貝爾乳酪可說是敗在太受歡迎，開始被大量工業化生產，也經常在其原生風土之外出現一些東施效顰的產品。雖然製造法規如「流芯乳酪」般柔軟有彈性，眾多小廠仍然爭相以未經殺菌的在地生鮮牛奶製造更腴美可口的乳酪，以捍衛諾曼第原產地名稱保護（AOP）標章。炫耀完美流芯的卡蒙貝爾乳酪是至關重要的國民課題——乾柴如石膏般的乳酪將令餐桌蒙受恥辱。如果乳酪快變質，也千萬不要裝腔作勢地評論可能會有的氣味，否則相當失禮。除非是對李斯特菌懷有戒心的孕婦才有特權評頭論足——有時還很難說呢！

FROMAGES DE STÉPHANIE
史黛芬妮乳酪

典範般的卡蒙貝爾乳酪以百分百諾曼第產的有機牛奶製作。

Le Champ Laudier,
61170 Saint-Léger-
sur-Sarthe
02 33 28 09 98

卡蒙貝爾乳酪

LE CAMEMBERT

LES ⑨ SERVEURS ACARIÂTRES

烈性如火的侍者

巴黎咖啡館的侍者被全世界說長道短，已經不是一、兩天的事了。橫眉豎目，臉色陰沉，板著面孔是家常便飯。省話就算了，還不會說英文，擺設午餐桌面時都假裝沒看見等候的顧客……等等罪行罄竹難書。真的是這樣嗎？不全然是。作為一個穿著白圍裙的嘲諷型古老家族的嫡系子弟，他們對自己的行業自視甚高。所以他們不太欣賞顧客彈手指然後大聲吆喝：「服務生！」他們不是傲慢，只是比較敏感——這兩者是有細微

差別的。基於這個原因，他們才會在顧客要求結帳時，仍然堅持先冷靜沉著地把櫃臺清理乾淨——只有他們自己可以決定工作順序，他們有自己的傲骨！如果他們糾正某個將「Croque monsieur」說成「croak misyuhr」的觀光客，絕對不是在嘲笑，只是純粹日行一善。一旦明白了這一點，我們就能用比較輕鬆的態度，仔細抹去商業衍生的勢利關係，與他們相處就會很順利了！

香檳成為法國人時不時藉機用來犒賞自己喝「一小杯」的飲料，大概花了兩百年的時間。十七世紀中葉，香檳地區的人首次用紅葡萄壓榨出的白葡萄酒名聲大噪，具有水晶般的白皙度和光澤。香檳中的氣泡卻並未乘勢而起引領風騷，而是酒農力求消除的瑕疵：直到十八世紀初期他們才明白，氣泡是生財之道！從此經歷多次的實驗來控制糖與酵母的正確用量，才能完美地冒泡。原本極易被氣泡爆破的香檳瓶，也逐步加強安全措施：採用軟木瓶塞，加上厚實堅固的玻璃瓶，再以鐵絲及小鐵片（防止氣體從軟木瓶塞逃逸）牢牢拴住瓶口的軟木塞。1860年時，干型（brut，少糖）香檳問世，不用再像傳統那樣只搭配甜點才能享用，而是隨時（幾乎啦！）都能暢飲香檳，也讓香檳升級為節慶飲料。在法國，千百種事情都能「爆」瓶香檳（péter le champagne）來慶祝，當然也用來澆失戀與挫折的愁。我們會用理解的口吻說：「來點氣泡吧！」一些家境好的人家，在開胃酒之後會提議「以香檳佐餐」。連允許小孩用香檳沾唇，然後說「好辣啊！」這種絕對該被譴責的行為，法國人也視之為某種儀式。至於碟型香檳杯根本不適合用來喝Ruinart或Jacquesson這種考究品牌的香檳！再說，也不比長笛香檳杯適合——香檳窖的釀酒師喜歡用現實生活中不多人用的鬱金香杯。坦白說，有人請喝「一盞香檳」，聽來豈不讓人怦然心動呢？

VIRGINIE T. 維吉妮T

香檳家族嫡系子孫，維吉妮・泰廷爵（Virginie Taittinger）於2008年推出自己的香檳家族品牌。只做網路銷售，48小時到貨，已經令許多愛好者為之傾倒。還舉辦品酒會與貴賓俱樂部，讓更多香檳狂熱分子在這個重要課題上精益求精。

champagnevirginiet.
com

LE 香檳

CHAMPAGNE

MIEUX VAUT LE SAVOIR... 不可不知

Pourquoi on se fait la bise
為什麼法國人要互親臉頰？

因為我們是觸覺派的，還記得薩科吉跟梅克爾會面的時候嗎？

Pourquoi on fait boire les enfants
為什麼法國人讓小孩喝酒？

因為成為優秀的品酒師刻不容緩。而且法國紳士一定要有好酒量。

Pourquoi on parle de bouffe à table
為什麼法國人喜歡一直在餐桌上談吃的？

請參考〈美食饕客〉那一章。

Pourquoi on a autant de politologues de comptoir
為什麼有法國這麼多街頭業餘政治評論家？

還不是因為三杯黃湯下肚就能一眼看穿這個國家的政治嗎？

Pourquoi on traverse toujours au feu vert
為什麼法國人總是愛闖紅燈？

你以為一個渾身發光，由紅轉綠的小人兒能對我們發號施令嗎？

Pourquoi on râle tout le temps
為什麼法國人老是在抱怨？

為什麼不抱怨？

Pourquoi tout est fermé le dimanche

為什麼週日什麼店都不營業？

因為在教堂彌撒、家族聚餐還有釣魚之外，我們真的沒有時間去購物。

Pourquoi on dit toujours non d'abord pour mieux pouvoir dire oui après

為什麼我們總是先說「不」，才能好好地說「好」？

因為矛盾的精刻在我們的基因裡 。戴高樂將軍對貝當元帥、英國人、美國人跟俄國人都說「不」！

Pourquoi, contrairement à ce que la terre entière croit, on ne mange pas de cuisses de grenouille

為什麼全地球的人都以為我們吃青蛙腿，但其實我們不吃？

因為吃下三打蒜香蝸牛以後，誰還吃得下其他東西？

Pourquoi on continue de fumer alors qu'on peut en mourir

為什麼明知抽菸致死，我們還繼續吞雲吐霧？

因為在煙霧裊裊中，生活看起來更加美麗。而且我們喜歡有挑戰性的生活！

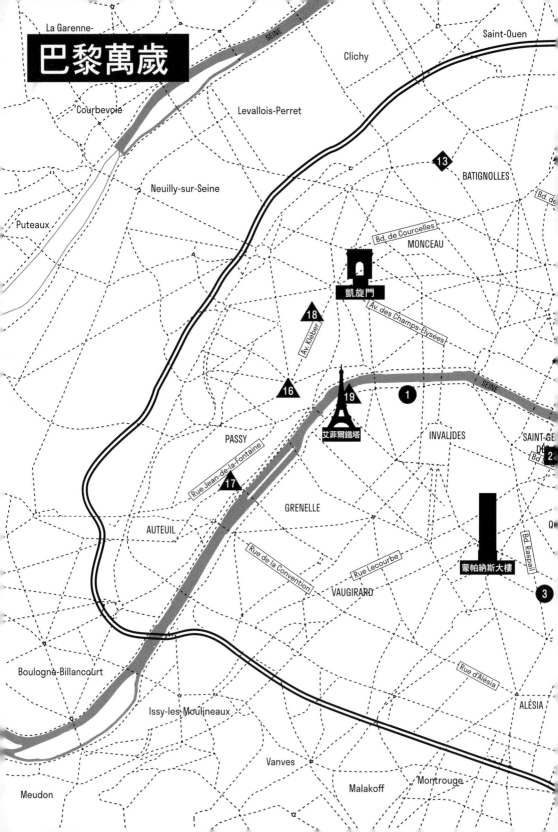

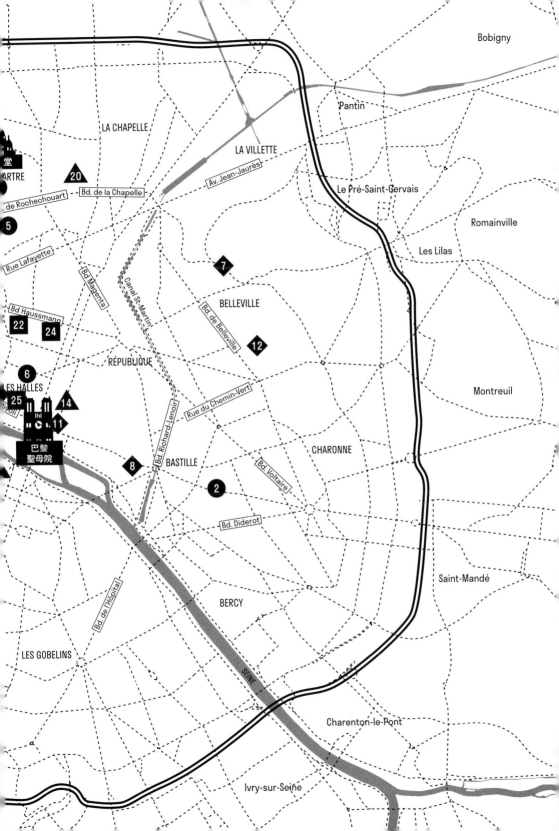

觀光客生存小指南，或實用巴黎手札

如何辨識好麵包？

美國人史蒂文·卡普蘭（Steven Kaplan）是位不折不扣的「哈法」分子，也是世界知名的麵包歷史專家，當然也是無怨無悔的法國長棍麵包忠實情人，始終不懈地抵制麵包工業普及化這種滔天罪孽！在他看來，好的麵包必須符合六項標準：外觀、麵包脆殼、麵包芯、咀嚼口感、香味和滋味。凝聚麵包香氣（榛果或焦糖香）的外皮脆殼必須呈金黃色並略帶焦香。麵包芯則柔軟豐厚，微帶色澤，並分布著大小不一的氣孔。最重要的，我們必須再三強調：外皮酥脆的麵包才是好吃的麵包！

最佳麵包店

1 LE MOULIN DE LA VIERGE 聖女磨坊
64, rue Saint-Dominique, 75007 Paris

2 LA BADINE DE MARTINE 馬丁手杖
74, rue Crozatier, 75012 Paris

3 BOULANGERIE M'SEDDI 梅瑟蒂麵包坊
2018年巴黎最佳法棍大賞，因此也是法國總統馬克宏為期一年的官方麵包供應商。
215, boulevard Raspail, 75014 Paris

4 PAIN PAIN, BOULANGERIE MAUVIEUX
麵包麵包·莫維麵包坊
88, rue des Martyrs, 75018 Paris

5 AU LEVAIN D'ANTAN 昔日酵母
6, rue des Abbesses, 75018 Paris

6 BO & MIE 博咪
18, rue de Turbigo, 75002 Paris
boetmie.com

正宗小酒館，請盡情享用

7 LE CADORET 卡多賀
1, rue Pradier, 75019 Paris
01 53 21 92 13

8 VINS DES PYRÉNÉES 庇里牛斯山葡萄酒
25, rue Beautreillis, 75004 Paris
01 42 72 64 94

9 LA POULE AU POT 燉雞
9, rue Vauvilliers, 75001 Paris
01 42 36 32 96

10 CHEZ GEORGES 喬治的家
1, rue du Mail, 75002 Paris
01 42 60 07 11

11 BENOIT 本諾瓦
20, rue Saint-Martin, 75004 Paris
01 58 00 22 05

12 LES CANAILLES MÉNILMONTANT 梅尼蒙丹流氓
15, rue des Panoyaux, 75020 Paris
01 43 58 45 45

13 LE BOUILLON PIGALLE 皮加勒清湯
22, boulevard de Clichy, 75018 Paris
01 42 59 69 31

目不暇給！ 在巴黎登高望遠永遠是好主意

 LE GEORGES 喬治
位於龐畢度中心的頂樓，這家大受歡迎的餐廳擁有俯瞰巴黎的全景視野，如明信片般動人。
Place Georges Pompidou, 75004 Paris
01 44 78 47 99
restaurantgeorgesparis.com

 LE TERRASS' HOTEL 露臺飯店
180°視野的蓊鬱茂盛露臺，適合安靜地享用晚餐，或是在大遮陽傘下小酌一杯。
12-14, rue Joseph-de-Maistre, 75018 Paris
01 46 06 72 85 terrass-hotel.com

 LE CAFÉ DE L'HOMME 人類咖啡館
位於艾菲爾鐵塔對岸的夏佑宮（palais de Chaillot），為1937年萬國博覽會而設計的建築傑作。最高機密！
17, place du Trocadéro et du 11-Novembre, 75016 Paris
01 44 05 30 15
cafedelhomme.com

 RADIOEAT 法廣食堂
法國廣播電臺記者和音樂人家的專屬設計食堂，能一覽無遺塞納河岸區。晚上一定要去看看。夜晚必訪
Maison de la Radio, 1er étage
116, avenue du Président Kennedy, 75016 Paris
01 47 20 00 29
maisondelaradio.fr/page/restaurant-bar

 L'OISEAU BLANC 白鳥
位於巴黎半島飯店頂層的美食餐廳和酒吧，在陽光明媚的日子裡，可以在其頂層欣賞到首都數一數二的絕佳景色。
19, avenue Kléber, 75016 Paris
01 58 12 67 30
paris.peninsula.com

 LES OMBRES 影子
位於布朗利碼頭博物館（musée du quai Branly）頂樓，在此喝開胃酒或用餐幾乎觸手可及艾菲爾鐵塔。
27, quai Branly, 75007 Paris
01 47 53 68 00
lesombres-restaurant.com

 LA BRASSERIE BARBÈS 巴貝斯啤酒餐館
居高臨下掌控全區的屋頂餐廳，在此一邊小酌一邊欣賞純巴黎風味的架高捷運與鋅皮屋頂。
2, boulevard Barbès, 75018 Paris
01 85 15 22 30
brasseriebarbes.com

 43 UP ON THE ROOF 屋頂上
號稱巴黎最壯觀的屋頂餐廳！位於巴黎聖母院假日飯店的十樓，能俯瞰全區。僅5月到9月開放。
4, rue Danton, 75006 Paris
01 81 69 00 60
hotels-res.com

真正巴黎風情的口袋名單

22 L'APPARTEMENT SÉZANE 公寓
Morgane Sézalory一手打造，呈現聞名遐邇的品牌時尚與家居風格，猶如來到設計師本人的居所。
1, rue Saint-Fiacre, 75002 Paris
sezane.com

L'APPARTEMENT FRANÇAIS 法式公寓
從廚房到更衣室，穿過客廳與書房，所有法國式生活藝術與穿衣哲學都呈現在這個兩百平方公尺的空間裡，猶如夏勒·特雷內（Trenet）輕輕唱著的〈la tendre insouciance〉的國度。
Pop-up régulier et nomade, adresse sur
lappartementfrancais.fr

 GAB & JO 嘉柏&柔
讓法國設計師光耀門楣的寶地，可能有點民族沙文主義！這裡只展售百分百「法國製造」的奇特商品，是造訪法國之後的最佳紀念品；例如「法國地圖」的木製拼圖或寫著「Cocorico」（公雞啼叫聲）的T恤！當心喔，拿破崙和瑪麗·安東尼皇后可能會出其不意地現身。
28, rue Jacob, 75006 Paris
09 84 53 58 43
gabjo.fr

24 PARIS ACCORDÉON 巴黎手風琴

不需要像伊薇特·霍納（Yvette Horner）一樣成為手風琴達人才能被這間專賣店的魅力征服。不管你喜歡鍵鈕手風琴還是全音階手風琴，都能在此如魚得水！這裡不只是手風琴華爾滋舞曲的國度，同時也身兼手風琴學校以及固定演出的手風琴樂隊。

36, rue de la Lune, 75002 Paris
01 43 22 13 48
parisaccordeon.com

25 L'EXCEPTION 例外

現代及時尚設計的概念商店，集結了法國設計界高手中的高手。不論是成名已久或是初出茅廬的設計師，只要才高八斗，就能獲得店主賀吉·佩內樂（Régis Pennel）——昔日的理工高材生成功轉型為時尚人士——的青睞。

24, rue Berger, 75001 Paris
01 40 39 92 34
lexception.com

如何收藏一座艾菲爾鐵塔？

沒錯！每個人都能帶一座鐵塔回家！

精心彩繪的鐵塔：MAISON GIEN「Ça c'est Paris！」（這就是巴黎！）系列餐具組。
gien.com

熠熠生輝的鐵塔：MAISON MOUTET慕蝶工坊「Paris Printemps」（巴黎春天）系列，或JACQUARD FRANÇAIS法國緹花織布「Souvenir de Paris Acier」（鋼鐵巴黎回憶）系列抹布。
tissage-moutet.com
le-jacquard-francais.fr

莊嚴雄偉的鐵塔：插畫家Simon Bailly的海報，或MAISON IMAGES D'ÉPINAL埃皮納勒影像工坊取材自十九世紀末艾菲爾鐵塔插畫的筆記本封面。
imagesdepinal.com

明亮的鐵塔：BERNARDAUD柏圖瓷精緻萬狀的隱雕瓷器。
bernardaud.com

閃耀如火的鐵塔：YELLOWKORNER的限量藝術攝影作品。
yellowkorner.com

燦爛奪目的鐵塔：LA TÊTE DANS LE BOCAL頭在罐子裡的床頭燈罩。
smallable.com/la-tete-dans-le-bocal

光芒四射的鐵塔：COUDERT酷賀德的桌燈。
luminaires-coudert.fr

可以用不一樣的方式拜訪巴黎嗎？

我們不一定希望在巴黎各大景點大排長龍，也不需要跟在揮舞著粉紅色三角旗以防團隊客人落隊的導遊身後。我們能用更有趣的方式體驗這個城市，更寓教於樂，也更令人熱情澎湃。以下提供幾個打破常規的旅遊點子，讓諸位家裡難搞的叛逆期孩子樂於參與，不至於每走一步就唉聲嘆氣！

巴黎血拼行程

想探索巴黎的時尚？想拋夫棄子好好享受時光？迫不及待邂逅年輕設計師，蒐羅巴黎最夯的時尚景點或是在短短數小時內體驗真正巴黎女人的生活？笛安·樂琵卡（Diane Lepicard）為你規劃了時尚之都的眾多體驗行程，放手選擇吧（也有不須拋夫棄子的量身打造行程）。
parisshoppingtour.com

QUI VEUT PISTER？解謎遊戲的另類景點

與家人或朋友進行尋寶遊戲，藉由玩樂來探索巴黎。投身調查遊戲中，走遍巴黎歷史景點與不為人知的角落。適合未來的「梅格萊警長」（commissaire Maigret，比利時作家Georges Simenon筆下的人物）以及所有不耐冗長且制式旅遊的人。聖哲曼刑案、聖母院謀殺案或蒙馬特密案？選好謎腳就出發吧！
quiveutpisterparis.com

LA ROUTE DES GOURMETS 美食家之路

卡洛兒・梅泰耶（Carole Métayer）帶你參與品酒會與巴黎的奇特餐會，並探訪美食商業，為你揭開法國好滋味的神祕面紗。無論對餐桌藝術或是巧克力與香檳美酒的歷史如何求知若渴，一定能在此滿足求知慾。

laroutedesgourmets.fr

LE PARIS CLICHETON RIGOLO 風趣的巴黎印象

提供多種主題路線，如：搭「deuche」（雪鐵龍2CV的縮寫）兜風，由頭戴貝雷帽的司機駕駛著小復古汽車，傲然享受舒適有薪假期，從人群當中呼嘯而過。

4roues-sous-1parapluie.com

LE FRENCHY WEB
法國風味網站

讓你在法國購物更精益求精，不鑄下大錯。

A PIECE OF CHIC

在里昂妥善織造的絲質圍巾，獻給喜愛「從容賽車」美學的人。重溫神奇賽車手亨利・佩斯卡羅（Henri Pescarolo）在利曼24小時耐力賽的黃金時期！

a-piece-of-chic.com

NO/ONE PARIS

自從與時尚概念店Colette合作後，這個誕生於2013年的品牌就成為了超級大牌，它直接從街頭服飾中汲取靈感，開發有機棉T恤、毛衣以及配飾，標上「Paname」（巴黎的另稱）或「Belleville Hills」（比佛利山莊）。提供從夾克到圓帽等現代巴黎潮男的全副武裝！

no-oneparis.com

LE SLIP FRANÇAIS 法式三角褲

香香三角褲的發明者！（據說可以洗滌三十次都還香）適合表裡都堅持法國風情的人：所以除了三角褲，也有泳衣、室內毛絨拖鞋、睡衣，一種自豪而愉悅的「法國製造」！

leslipfrancais.fr

LANDMADE

從裝木柴的帆布袋到以機器腳踏車為靈感的檯燈，還有千百種日常生活用品，在此能發現法國家用或裝飾的極致藝術在日常生活中的每個姿態。

landmade.fr

MAGASIN GRAND TRAIN 大火車商店

所有法國鐵路消失的魅力都在這裡，誤點跟查票員不算！奧рал車站絕美的復古照片，1950年代的火車廂，上個世紀的乘客在火車啟動瞬間被拍下的感動。火車發動時的汽笛聲重現、筆記本、馬克杯，一趟真正的時光之旅！

magasingrandtrain.sncf.com

FILS DE BUTTE 山丘之子

靈感來自於法國風格的工作服。啊，向左拉（Émile Zola）筆下人物Lantier致敬的工作夾克！這家男裝品牌擅長玩弄普羅風格，以百分之百的法式風格裝扮三十多歲的時尚人士。想成為《夏日之戀》（*Jules et Jim*）電影人物的女孩也能在此找到幸福。

filsdebutte-paris.com

CAVIAR DE FRANCE 法國魚子醬

1917年2月革命後，第一批來到法國的俄羅斯移民將生產魚子醬的祕密傳給吉倫特（Gironde）地區的居民。法國魚子醬自此建立良好聲譽，甚至也能像正港的哥薩克人一樣，與魚子醬來個肌膚之親——放在拇指肚上品嚐。

caviardefrance.com

優雅貴族

LES
ARISTOS
CHICS

ÊTES-VOUS 您自認為是……

UN PEU, BEAUCOUP, PASSIONNÉMENT, À LA FOLIE, PAS DU TOUT…

有一點、還可以、我就是、
超級是、完全不是……

ARISTO CHIC 優雅貴族嗎？

QUIZZ 快問快答

● 你從不會以為千鳥格紋（pied-de-poule）與蛋奶酒（lait de poule）有關係。 ● 你對永續農法的追求讓園丁笑壞了。 ● 你家掛著出錢蓋屋頂的曾祖父畫像。 ● 為了買個麵包並排停車？放肆了！ ● 「無冰箱生活」體驗很吸引你（比傳宗接代有吸引力）。 ● 你知道霞慕尼（Chamonix）也是一種很好吃的餅乾。 ● 你的孩子稱呼你的母親為「姥姥」（Bonne-Maman）。 ● 你的焗烤通心粉家喻戶曉。 ● 你知道Broglie（讀音Breuil）、Trémoille（讀音Trimouille或Trémoïlle）、 Montrachet（讀音mon・ra・shè）的正確發音。 ● 你沒有電視，也沒有智慧型手機。 ● 三天、四天、五天或六天沒刮的鬍子是什麼？煩。 ● 你贊成在學校重新規定學童穿戴圍兜兜。 ● 還有什麼比有個小破洞的喀什米爾羊絨衫更時尚別緻？ ● 你才沒有閒錢買一穿就破的啦嘰。 ● 你認為安迪・沃荷（Andy Warhol）被過度吹捧了。

→ 你勾選了6到10項。你連靈魂深處都是優雅貴族。閱讀以下內容以認證這種歸屬感。

→ 你勾選了3到6項。你幾乎屬於優雅貴族。閱讀本章節，你將拉近更多距離。

→ 你勾選了不到2項。你一點也沒有優雅貴族的情調。如果你因此感到沮喪，那就藉由本章節多深入了解吧！

UN PEU D'HISTOIRE 來點小歷史

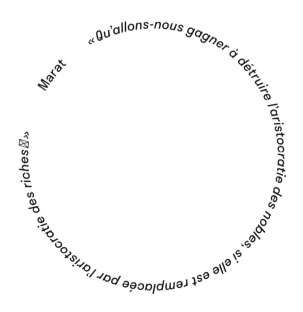

« Qu'allons-nous gagner à détruire l'aristocratie des nobles, si elle est remplacée par l'aristocratie des riches⊠ »

Marat

「如果以富人的階級制度來取代被廢除的貴族制度，我們又得到什麼好處？」

——尚－保羅・馬拉（Jean-Paul Marat）

　　優雅貴族早在「零廢棄」運動出現之前就開始「打擊浪費」；在 BlaBlaCar 共乘制度之前，他們的雪鐵龍 2CV 就塞了一車人；Airbnb 租屋平臺出現之前，他們就開始交換城堡居住；修理咖啡館（Repair Café）興盛之前，他們也早就提倡「升級再造」（Upcycling），而且他們才不會以此自吹自擂！

這個族群創立的「French Touch」（法式韻味）生活藝術，並未被巴士底獄攻陷後掀起的法國大革命推翻。優雅貴族引以為傲的祖先在法國歷史上最動盪的十八世紀末失去財富，有些失去了城堡，少數還丟了腦袋，他們是衰落派自然而然的鼻祖。由於他們的家譜充滿了有幸為保衛王國而狂灑熱血的勇敢戰士，例如1905年參加十字軍東征的英勇「布永的高佛瑞」（Godefroy de Bouillon），優雅貴族會毫不猶豫地為孩子起一些拼法複雜的名字，向驍勇善戰的先祖致敬：女孩就是雅德萊（Adélaïde）、梅內舞爾德（Menehould）、泰依思（Thaïs）；男孩是艾美里克（Aymeric）、雅德瑪（Adhémar）或昂格宏（Enguerrand）。

他們為了省錢，不只發明了二手衣出清及車輛共乘制度，家裡任何東西都還能互相交換與回收利用。他們只買看起來經久耐用的東西：「昔得蘭羊毛線衫」（le chandail en Shetland）──千萬別說「毛衣」（pull-over），他們聽不懂！必須年復一年地在好幾代孩子肩膀上傳承，最後還要鞠躬盡瘁地躺在拉布拉多狗狗的睡籃裡。即使一貧如洗也要保持優雅，優雅貴族對任何消費狂熱都抱有敵意，而且對昂貴、短暫又無用的快時尚無動於衷。

他們與浪費為敵，始終力行著社區生活，並把再也無法忍受獨自生活的婆婆、註定要成為牧師的兩袖清風英俊侄子或來巴黎讀預備班（prépa）的遠房表妹通通迎進家族大宅，也就是所謂的「私人豪宅」（hôtel particulier）。他們深信真正的「法國大革命」是將權力交給了那些掌握金錢的人，面對這些賺錢容易、撒錢又太耀武揚威的暴發戶，優雅貴族總有一套信手拈來的冷嘲熱諷。

雖然他們完美地融入了共和國體制，但是對於先來後到的優先權非常在意。最好別在他們面前將舊體制（十五到十八世紀）及比較晚期的帝國時期（1804年後）貴族混為一談。他們天生就能識別家徽的真偽，踢爆捏造的貴族冗長姓氏，而且絕不會看到代表貴族的介詞就大驚小怪。事實上，就像克勞德‧昂列‧聖西門（Claude-Henri de Rouvroy de Saint-Simon）所記述的，這個錦上添花的介詞「de」，與大

詩人謬斯

LOUISE DE VILMORIN
路易絲‧德‧維兒莫涵
人稱 Marilyn Malraux──是著名作家與高盧派政要的情人，也是誘人、機智的文藝女性典型。

ANTOINE DE SAINT-EXUPERY 聖修伯里
他的人文主義英雄小王子名揚四海，以至於周邊商品也琳瑯滿目（法國父母對他的崇拜也毋庸置疑）。

時尚謬斯

JEAN-CHARLES DE CASTELBAJAC
卡斯泰爾巴雅克
永遠的古靈精怪，才華洋溢的博學家，他的文青流行藝術時尚享譽海外。巴黎人也在首都的大小牆上追蹤他用粉筆畫的天使。

家的想法背道而馳，並非貴族的標識。劍術和手槍射擊已經不是他們的必要教育了；處世禮儀、風雅謙恭和文化教養才是他們在現代世界樹立威望的最佳武器。即使他們在某些人（為數還不少）眼中是正統貴族，但是這些人並不知道他們在用餐前不會說「bon appétit」（祝好胃口），也不會在第一次被介紹給別人時說「enchanté」（非常高興）！

他們還在搖籃裡的時候，就已經被反覆灌輸了代代相傳的良好消遣品味。閱讀、與堂表兄弟在公園玩捉迷藏、桌遊以及在閣樓大行李箱裡翻箱倒櫃進行喬裝遊戲，永遠都比電玩來得有趣！

優雅貴族喜歡互稱為「賀德德」（「Reudeudeus」或「redeudeu」，重複「de」的意思，因為他們的全名有很多「de」），以示與平民麻瓜有所區別。他們也是少數在婚禮場合以外，敢穿上鮮豔衣著並配戴禮帽的法國人。他們還有與生俱來的天賦，能將十年前的衣服搖身變成時尚的原創單品。

這個略顯怪異的族群經常被潮流趕上，當他們得知打獵時穿的實用橡膠長靴竟然是YSL時裝伸展臺上的明星商品時，大感震驚。強勢回歸的「DIY」風潮被雜誌吹捧為最夯的現代特色，也讓他們覺得好笑。優雅貴族老早就知道，在巴黎聖皮耶市場（Marché Saint-Pierre）花三法郎又六分錢買的布料，就能讓十八世紀的床頭板立即出色地煥然一新。

總之，他們家族裡都會有一個叔伯或是阿姨非常擅長修理冰箱或是雪鐵龍2CV骨董車。這些機械方面的天賦往往具備實事求是的深厚知識，如裱框、水電工程、油漆……畢竟路易十六也曾沉迷於鎖鑰工藝啊！

MIEUX VAUT LE SAVOIR... 不可不知

解碼優雅貴族的習俗密語

La lettre de château（感謝留宿函）
城堡信（感謝留宿函）

以風趣文筆親手寫的小紙條感謝盛情款待，總會讓女主人心花怒放。不管是常客、親人或初來乍到的訪客，都要對房子的氛圍、當地的美景以及女主人的廚藝讚不絕口，才是上道的行為。慢條斯理地發送簡訊就太馬虎了。

Le vouvoiement
以「您」相稱

這個奇怪的法國慣例在某些族群當中依然屹立不搖。英文簡單多了，用「you」稱呼是常態，不管對方是王子或賤民。在法國，「朋友」之間使用「tu」（你），包含：從幼稚園到大學的同學，（共產黨）同志之間，臉書「朋友」之間，新創公司的同事之間，現代父母和孩子之間，戀人之間，員警和混混之間……但我們絕不會用「tu」稱呼自己的銀行專員、共和國總統、稅務員，更別說是剛剛才介紹認識的未來親家了！不過，在某些上流家庭，孩子們仍然會用「vous」（您）敬稱自己的父母親，而後者彼此也是用vous互稱（但不一定在私下相處的時候，這才是整件事情最弔詭的地方）！這是尊重與體貼的表現。說實在的，有點老土。

Le cadeau homemade
手工禮物

一罐苦橙果醬、自家莊園蜂蜜、刺繡手袋、彩繪瓷器、針織圍巾……各種親自DIY的禮物總令優雅貴族激賞，而且也比粗俗的工業藝品來得有價值。

PLUTÔT MOURIR QU'(E)... 寧死也不

用手機
簡訊傳賀詞

八月時去聖特羅佩
（Saint-Tropez）

養一隻跟手提包差
不多大小的狗

餐桌
上有十三個人

放棄繡有姓名起首
字母的床單

囤積紫
色香味
衛生紙

信尾
敬詞用縮寫「cdt」
代替「Cordialement」

用塑膠杯喝香檳

過馬路走在斑馬線上

不隨
手關燈

錯過
聖瑪莉校友會的
晚宴

駕駛休旅車（尤其在城裡），
或是黑色霧面板金的車

L'ARISTO CHIC...
ROI DE LA CONVERSATION
優雅貴族：對話達人

圍著乏善可陳的菜色，要如何進行精采的對話？優雅貴族的餐桌一向令平民百姓感到困惑。他們可以被邀請到路易十三曾造訪的城堡用餐，然後憂鬱地將乾柴無味的烤肉從飾有家徽的瓷盤上推開。當然，景觀設計師André Le Notre規劃的花園（與凡爾賽同級）很吸睛，但是，天啊！料理怎麼可以這麼難吃？這個謎團是不是該歸咎於這些優雅貴族的心情始終沒有從「因為人手不足，所以必須在廚房待一整天的窘境」中平復？令人驚嘆的堅忍情操卻不能缺席：每個人都熱烈盛讚根本不配被讚美的大廚，而他也臉不紅氣不喘地照單全收。如果以為優雅貴族們（尤其住在鄉下的）對料理的品質有什麼要求，那誤會可就大了！談話對他們來說更形重要。他們的對話永遠精采紛呈，猶如趣聞節慶，主要是表現他們對家庭裡突發小插曲的輕蔑諷刺。把最微不足道的惱人瑣事敘述得如史詩一樣的浮誇藝術，是他們最終極的優雅形式。自從大情勢對貴族急轉直下之後，這幾乎是他們所剩無幾的昔日領主餘暉。

至於當代人這種在餐桌上沒完沒了地對「食物」或「酒水」品頭論足的陋習，他們覺得是難以理解的庸俗。這正好，反正貴族家的餐桌也沒什麼好聊的，但並非因為大家談笑風生，就會影響餐桌上的行為舉止。從七歲到七十七歲的優雅貴族都能一邊舌粲蓮花妙語如珠，一邊沉著地利用麵包將餐盤裡的沙拉葉摺成八層。這個「食物摺紙」練習至為關鍵，是為貴族家族成員必修：絕對絕對絕對不能用刀切萵苣葉！而且必須緊閉著嘴吞下食物，不發出任何「嘖嘖」的咀嚼聲──瞭嗎？

妙語謬斯

JEAN D'ORMESSON
端木松
作家兼記者，有一雙永遠笑咪咪的眼睛，總是繫著有如剛熨燙好的領帶，又文質彬彬、英姿颯爽，是法國紳士的典型。

名模謬斯

INÈS DE LA FRESSANGE
伊內絲・法桑琪
CAROLINE DE MAIGRET
卡洛琳・德・麥格雷特
有個性又風趣的棕髮美女，向全世界展示何謂「時尚的巴黎女人」。

LA LISTE ARISTO CHIC
優雅貴族必買清單

貴族家庭中最嚴苛的精選名單，讓你更有貴族風範。

① LES BOUGIES 蠟燭

當法國平民老百姓還在用臭氣沖天的動物油脂蠟燭時，貴族和神職人員使用的是價值連城的白色蜜蠟蠟燭。他們當時已經很擔心有仿冒品，也很警惕摻了舊蠟或馬鈴薯的蠟燭。從十九世紀開始，隨著科學發現，蠟燭就只用合成材料製作了。

代表性品牌：TRUDON特魯頓

皇家蠟燭製造廠，也就是後來的TRUDON，經歷了政權更迭，照亮了從君主制到帝國時期眾多尊貴豪宅。創始人還受過路易十六的封賞。

TRUDON在2006年再次復甦，供應導演科波拉（Sofia Coppola）的電影《凡爾賽拜金女》（*Marie-Antoinette*）片中的蠟燭。如今重回時尚舞臺，延續了極盡鋪張的偉大世紀美學。極簡主義者慎入。

trudon.com

 明星商品

瑪麗・安東尼的半身雕像蠟燭：為這位1793年10月16日失去頭顱的法國皇后報仇雪恨——完全能吸引優雅貴族。他們的品味不會沒有幽默感，所以他們也會選擇有雪松和廣藿香芬芳的「革命」香水，或具鈴蘭香味的「無產階級」蠟燭。

② LA TOILE DE JOUY 約依印花布

凡爾賽宮廷裡的貴婦們，都為這些從印度進口的輕盈印花棉質布料而瘋狂。路易十四為了保護里昂的絲綢工業，曾試圖阻止這些絕頂時髦的印度布料走私，不果，只好全面禁止。直到1759年才解除禁令，許多紡織工廠開始投身棉布印刷。最知名的皇家織造廠之一，由一位年輕的德國人歐貝爾康夫（Christophe-Philippe Oberkampf）在約依昂若薩（Jouy-en-Josas）創立。華麗的花紋或幾何圖案專用以縫製服裝。牧民與輕歌的恬靜圖案通常出自畫家尚－巴蒂斯特·余耶（Jean-Baptiste Huet）手筆，最初使用於室內陳設，後人將其統稱為「約依印花布」。

代表性品牌：PIERRE FREY琵葉芙賀

PIERRE FREY根據歷史檔案重現並織造華麗布料，包含約依印花布，已歷經三個世代。它的創始人，也就是琵葉·芙賀17歲時就開始跟著製帽師傅展開職業生涯，後來加入了查爾斯·伯格（Charles Burger），從最底層做起。是一家可以追溯到第二帝國時期的著名室內裝飾布料製造商。琵葉是個工作狂，1935年自立門戶，一肩挑起所有任務：設計師、銷售員與代理人，還親自騎自行車送貨。其名聲迅速享譽海內外，自1950年代開始，他就為時裝設計師Elsa Schiaparelli或布景師兼贊助商貝斯特古（Carlos de Beistegui）設計專屬圖案款式。1969年，他的兒子帕提克（Patrick Frey）將公司的業務範圍擴大到餐具、靠墊、桌布和圍巾。即使在今天，PIERRE FREY仍精益求精，並與India Mahdavi等著名設計師攜手合作。

pierrefrey.com

 明星商品
《保羅和維爾吉尼》（*Paul et Virginie*）的印花圖案，取材自雅克－昂利·貝爾納丹·德·聖皮耶（Jacques-Henri Bernardin de Saint-Pierre）的作品，並由尚-巴蒂斯特·余耶畫成大型草圖。還有比這更好的嗎？

③ *LA CHEVALIÈRE*
鐫有姓名首字母或家族紋章的戒指

刻印戒指自古以來就是權威的象徵，在只有少數特權階層懂得讀寫的年代，則同時具有印章的功能。在中世紀時，為了避免騎士們戴上頭盔和盔甲後無法辨認同伴而自相殘殺，戒指上的家徽還會繡在旗幟上以表明身分。久而久之，刻印戒指很自然地成為貴族社會和文化歸屬的象徵物。在法國，傳統上是家族中的長子將其佩戴在左手無名指上。如果他將戒指戴成「行吻手禮」的模式，也就是圖案朝外，表示他是等待愛情降臨的黃金單身漢。如果恰恰相反，他的戒指圖案朝內，呈「戰鬥中」模式（沒有指明對象），那就別白費力氣，趕緊閃人吧！

代表性品牌：ARTHUS-BERTRAND亞祖貝彤

成立於1803年（當時還不叫ARTHUS-BERTRAND），專門生產旗幟、刺繡裝飾品和軍事徽章，後來成為帝國的官方供應商。伴隨著拿破崙凱旋的節奏，亞祖·貝彤步步邁向成功的階梯；為他帶來財富和名聲的政權垮臺後，他藉著榮譽軍團（Légion d'honneur）的建立與不懈的奮鬥才倖存下來。1925年，ARTHUS-BERTRAND以十字架系列妝點神父胸前的風景，又投身征服兒童市場，推出洗禮紀念聖牌，再接著以一系列珠寶首飾誘惑夫人女士。ARTHUS-BERTRAND以其傳統技藝和出類拔萃的工匠而聞名，並邀請Jean-Charles de Castelbajac和Hilton McConnico等設計師合作，讓品牌系列收藏更豐富。

arthusbertrand.com

 明星商品

刻著「Love」或「Emblème」（象徵）的戒指，由才華橫溢的尼古拉斯·歐欽尼爾（Nicolas Ouchenir）的作品鐫刻而成，可以任意佩戴成「戰鬥中」或「行吻手禮」模式！

④ LE PARFUM 香水

凡爾賽宮的人在路易十四時期，堅信水會帶來疾病（比如鼠疫），因此很少洗澡。不過他們一天要換好幾次衣服，更重要的是要噴大量的香水。塞在腋下、衣服褶縫或假髮裡的香包，以及有香味的手套與扇子，都可以掩蓋難聞的臭味。「要乾淨，就噴香水！」（Être propre, c'est être parfumé）不過，當人們開始使用浴缸與馬桶之後，香水氣息就走低調路線了。早在1774年，第一批調香師就在巴黎開店。瑪麗・安東尼皇后的御用香水師逃過斷頭臺之刑，後來也成為拿破崙的香水供應商；他當時為皇后推出了花香基調的香水流行：玫瑰、百合、紫羅蘭、康乃馨。化學與工業化興起讓香水成為人人能享有之物，而巴黎也成了世界香水首都。

代表性品牌：GUERLAIN嬌蘭

1828年，年僅20歲的皮耶－馮索・巴斯卡・嬌蘭（Pierre-François-Pascal Guerlain）在里沃利街（rue de Rivoli）莫里斯飯店（Le Meurice）一樓開店販賣香皂、口紅、美容霜、腮紅等。奠定了現代化妝品業的基礎。神祕的奧地利西西皇后愛死了他的草莓腮紅霜。法國最後一個皇后歐珍妮則為了治療偏頭痛，下令訂做「Eau de Cologne Impériale」（帝王之水），現在仍是GUERLAIN的經典之作。皮耶是法國優雅和精緻的化身，也成為歐洲皇室的御用調香師。1889年，他的兒子艾米・嬌蘭（Aimé Guerlain）推出了第一款現代香水「Jicky」（姬奇），結合了天然精油與合成原料。1921年推出「Shalimar」（愛的神殿），接著是1933年「Vol de nuit」（夜間飛行）香水問世，向嬌蘭家族的偉大朋友聖修伯里致敬。還有永恆經典的「Chamade」（愛之鼓）、「Jardins de Bagatelle」（百花樂園）、「L'Homme Idéal」（理想男士），與更多系列。

guerlain.com

 明星商品
純金鍍層並有縮寫簽名的「蜂印瓶」（aux Abeilles），帝國的象徵，一生僅此一次的瘋狂寵愛。

⑤ LES BOTTES EN CAOUTCHOUC
橡膠長靴

征服者發現了橡膠（caoutchouc，印度語中的「哭泣樹」），徹底改變了世界。橡膠樹的汁液富有彈性又極柔軟，瑪雅人用來製造日常用品以及能一彈沖天的橡膠球。可惜這種防水性絕佳的優秀產品在空氣中會變硬，在太陽下則會融化，經過幾個月的海上運輸後就完全不能用了。歐洲人自十八世紀開始，就不斷嘗試要「馴服」橡膠：英國人用橡膠來做橡皮擦，而法國孟格菲兄弟（Frères Montgolfier）則將橡膠與清漆混和，以保護他們第一個熱氣球所用的絲布。

橡膠持續在十九世紀被研究與運用，並成為現代化不可或缺的材料。蘇格蘭化學家查爾斯·麥金塔（Charles Macintosh）發明了織布的防水處理程序，隨後研發了大名鼎鼎的「雨衣」以及第一批橡膠製的「保險套」。固特異（Goodyear）公司成功地讓橡膠在溫差下保持穩定性，也讓登祿普（Dunlop）繼而發明輪胎。橡膠從此被廣泛應用在工業與每一天的生活當中，不過它還是有個缺點，就是非常難以回收利用。

代表性品牌：AIGLE艾高

1850年，美國人海勒姆·哈金森（Hiram Hutchinson）突發奇想，用橡膠為工人和農民製作防水鞋。後來，他帶著家當與家人一起在盧瓦雷省的（Loiret）蒙塔日（Montargis）落腳安居，並開設了一家工廠，以他祖國的象徵「AIGLE」（法語的老鷹）作為品牌的名字。孤注一擲，開花結果！全法國必須在泥地上行走或工作的人，立刻人腳一雙AIGLE鞋！不免俗地擠身時尚流行之後，AIGLE推出一系列「聯名款」，其中最特別的是與Vicomte A（A子爵）的合作（為了不偏離貴族的主題）。

aigle.com

明星商品
黑色的「Truite」（鱒魚）過膝涉水鞋，可以再時尚一點，簡直美死了！

⑥ *LE CARRÉ DE SOIE* 絲巾

自從路易十四的大臣制定了里昂「大絲綢廠」的規範，從此法國不再豔羨義大利的絲製品。華貴的絲織品只供皇室住所之用，包含凡爾賽宮，以及其他外國的宮廷。只是好景不常，法國大革命也帶來了新時尚，絲綢的貴氣不再當道，棉、麻、薄紗或紗布的樸素簡潔更深入人心。而稍後拿破崙下令大量改造楓丹白露宮與杜樂麗宮，才讓里昂大絲綢廠重磅回歸，為拿破崙量身製作嶄新圖案，也因此誕生了「帝國主義」風格。世界各國的訂單蜂擁而至，昔日貴族階級的尊貴絲綢全面東山再起，讓十九世紀耀武揚威的布爾喬亞階級趨之若鶩。

代表性品牌：HERMÈS愛瑪仕

第一條方形絲巾誕生在1937年，在皮耶·愛瑪仕（Pierre Hermès）創立HERMÈS品牌的一百年之後。皮耶原本是蓬奧代梅（Pont-Audemer）的鞍具學徒，後來移居巴黎力求飛黃騰達。製造馬術用具是HERMÈS原本的使命，不過隨著汽車的興起，創始人的孫兒們很明白改革的必要。1880年在聖諾黑市郊路（Rue du Faubourg Saint-Honoré）開設店鋪，學以致用，盡顯所長，不只吸引了全球的旅行者，也讓馬術騎士為之傾倒。短短幾十年，方形絲巾在全世界每三十分鐘就能賣出一條，已經成為HERMÈS舉足輕重的經典單品，與凱莉包或柏金包齊名。值得收集各色並成為母女之間代代相傳的傳奇絲巾。

hermes.com

 明星商品
全部！要從琳瑯滿目的絲巾當中選擇是會讓人頭暈的！

L'ARISTO CHIC GOURMAND
優雅貴族美食家

就像莫里哀劇作《資產階級紳士》（Le Bourgeois gentilhomme）中的人物M. Jourdain不費吹灰之力就能信手寫出散文一樣，優雅貴族才行「零浪費」也是不自覺的。據說還有美國大廚，例如Dan Barber在這主題上作秀，以油炸魟魚軟骨及蔬果皮做的脆片取悅時髦人士。熱爾（Gers）封地的于貝爾跟瑪德蓮（譯註：Hubert跟Madeleine是貴族常用的名字）如果知道了，一定會笑壞的！在他們家裡，才沒有這些繁文縟節！剩下來的鴨架？簡單，跟塔布豆（haricots tarbais）、蔬菜、香料植物一起丟進水裡熬煮，骨架上附著的最後一些碎肉盡數釋入甜美高湯中。這就是有名的garbure（冬季捲心菜濃湯），法國西南部能撫慰身心靈的經典料理，也是週日晚上的大餐。百年老果園裡掉到地上或是有點爛掉的水果？在孩子的下課點心克拉芙緹（Clafoutis）或新鮮果泥中會看到它們，這些優雅貴族的孩子甚至很少看到工廠生產的餅乾。麵包這個極具象徵意義的法國食物，在優雅貴族家中也有神聖的地位。神奇的是，他們從來不吃新鮮的麵包，因為一定要先把之前剩下的舊麵包吃完啊！這種必要之厭惡（不可丟掉食物）可能會讓他們更接地氣、貼近鄉民，卻會惹惱新鮮長棍麵包的愛好者。不過，優雅貴族運用乾硬麵包的創造力，往往能輕易折服這些強說愁的小資階級。

優雅貴族的「甜蜜點」

優雅貴族雖然粗茶淡飯，但也有抗拒不了的誘惑。如果他們極其厭惡Pierre Hermé的玫瑰花瓣馬卡龍，或Patrick Roger胡椒香茅薄荷巧克力（對他們而言不過是故弄玄虛），那是因為他們自己有更好的口袋名單。這些嗜甜的刁嘴養成，肯定與他們的歷史有直接關聯：甜點長久以來，一直是貴族的特權之一。聖讓德呂（Saint-Jean-de-Luz）地區或普瓦捷（Poitiers）的豐滿版馬卡龍，於1660年為了路易十四與西班牙公主大婚而製作，只簡單用了杏仁粉，依照歷史悠久的配方，不浮誇花稍，就能讓優雅貴族飄飄欲仙。他們也很喜歡充滿歷史的糖果，他們總是隨身攜帶小糖果盒，以排遣從住所移動到鄉間別墅必然的舟車勞頓。1900年為了造訪萬國博覽會的衣索比亞皇帝，製作了納韋爾尼格斯焦糖巧克力（Le Négus de Nevers），軟硬焦糖的魔鬼組合（典故有點複雜）就能讓優雅貴族得到消遣。內穆爾的簌簌糖（Froufrou）及虞美人糖（Coquelicot），或是巴涅爾－德比戈爾（Bagnères-de-Bigorre）的復古菱形水果糖，也備受優雅貴族青睞。做完彌撒回家的路上，坐在骨董Volvo休旅車後座的孩子如果很乖，就能吃顆糖果。

使用硬掉的麵包：三道邪惡的優雅貴族祕傳食譜

LE PAIN PERDU 被放棄的麵包

美國人稱它為French toast（法式吐司），法文名稱反而顯得不太恰當，因為這道食譜的訣竅與「放棄」恰恰相反！而是要給麵包一個酥脆又美味的重生。

作法：

❶ 將麵包片浸在事先加了2顆雞蛋與1湯匙紅砂糖混和過的大盆中。

❷ 將一根馬達加斯加香草莢的籽刮入剛剛攪拌的混和物中，可以撒一點肉桂粉。

❸ 等麵包充分濕潤之後，放進加了奶油的平底鍋中，煎至金黃。

❹ 在通知孩子們點心準備好了之前，先偷偷品嚐幾塊，盡量多吃幾塊沒關係。

LES CROÛTONS DE COMPÉTITION 會被搶走的麵包酥粒

還有什麼比自家手作的麵包酥粒，更適合搭配湯品及沙拉？更何況，工廠生產的麵包酥粒，有一堆人工化學添加物，還是自己做的好。

作法：

❶ 將剩下的麵包大略切成丁，不規則也沒關係。

❷ 放入沙拉碗中用手攪拌，使麵包丁均勻沾上橄欖油和百里香、香薄荷等香料植物。

❸ 放入事先鋪上烘焙紙的烤箱中，烤至金黃。

❹ 冷卻之後，放入密封袋中保存。一定要好好藏起來，謹防周邊出沒的掠奪者。

LE CROÛTON DE CROUPION 尾椎麵包酥

有截硬掉的長棍麵包放很久了？給它一次難忘的體驗吧。

作法：

❶ 麵包、帶皮大蒜及百里香，全部塞進雞屁股，一起烤。

❷ 讓麵包吸滿麵的湯汁。

❸ 忘掉熱量，好好品嚐。

私藏口袋網站

LE GRATIN DU MACARON 馬卡龍界的菁英
Maison Adam → maisonadam.fr
Rannou Métivier → rannou-metivier.com

LA CRÈME DES BONBONS 糖果界的精華
Servant → chocolaterie-servant.com
Mazet → mazetconfiseur.com

購物選粹

MAISON FOSSIER 佛希葉工坊

蘭斯（Reims）著名的粉紅餅乾發明者，自1775年起成為「國王的供應商」。香草風味，以胭脂紅染色（顏料來自胭脂蟲），配方從1690年起就沒有改變過，可以在網站上訂購，還有鹹味版，是香檳的最佳夥伴。粉紅餅乾（很適合用來做覆盆子乳脂鬆糕trifle的基底）聲名遠播，甚至有人專門為它寫了本書。
→ fossier.fr

MAISON LA VARENNE 拉瓦翰工坊

有一天，一個歷史學家遇到曾在Pierre Hermé手下工作的甜點師，結果就激盪出許多靈感直接來自十八世紀的糖果、水果磚糕跟小蛋糕。是一趟真正的甜蜜時光之旅。
→ maisonlavarenne.com

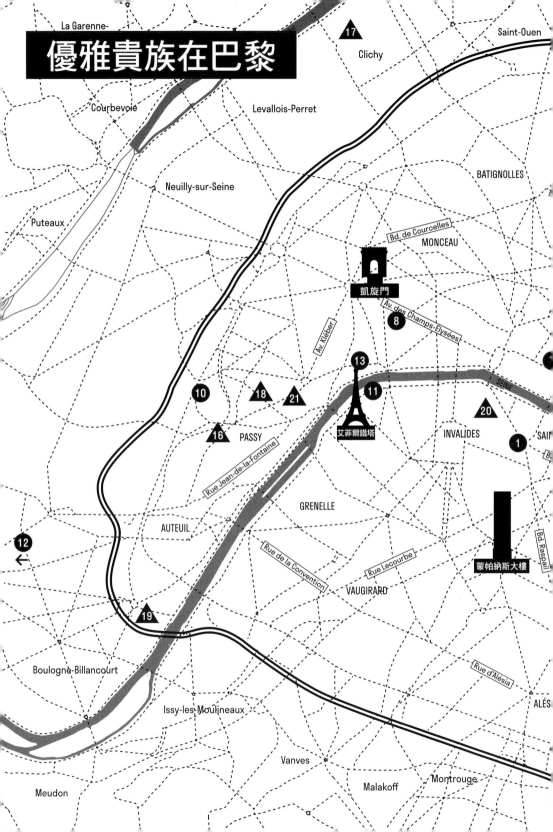

優雅貴族在巴黎

La Garenne-

17 Clichy

Saint-Ouen

Courbevoie

Levallois-Perret

BATIGNOLLES

Neuilly-sur-Seine

Bd. de Courcelles

MONCEAU

Puteaux

凱旋門

Av. des Champs-Elysées

8

Av. Kléber

13

10 18 21 11

20

16 PASSY

艾菲爾鐵塔 INVALIDES 1

Rue Jean-de-la-Fontaine

SEINE

GRENELLE

AUTEUIL

12

Rue de la Convention Rue Lecourbe

蒙帕納斯大樓

Bd. Raspail

VAUGIRARD

19

Rue d'Alésia

Boulogne-Billancourt

ALÉS

Issy-les-Moulineaux

Meudon

Vanves

Malakoff Montrouge

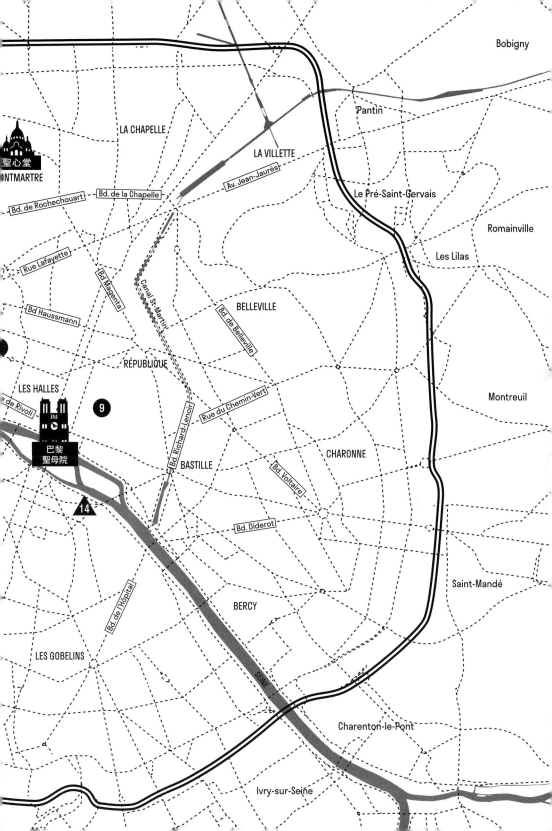

優雅貴族的老街坊

從十八世紀開始，優雅貴族及金融界人士就在當時被稱為「聖傑曼郊區」（faubourg Saint-Germain）的地方，廣建擁有遼闊花園的華麗豪宅。由里爾街（rue de Lille）、康士坦丁街（rue de Constantine）、巴比倫街（rue de Babylone）與波拿旁街（rue de Bonaparte）劃界的上乘黃金三角地帶，在1890到1910年之間，是當時最尊貴的上流社會群聚地。伊迪絲‧華頓（Edith Wharton）所著《鄉土風俗》（*The Custom of the Country*）一書裡的主角Ondine Spragg，是個工心計的迷人女子，在這裡撒下情網伺機虜獲侯爵的心。隨著奧斯曼男爵大刀闊斧改建巴黎（他將摧毀百餘座民房以打通整條聖傑曼大街）並發起連串政治改革，此區風貌也不斷變遷，但始終是優雅貴族的歷史據點之一。昔日約兩百棟的府邸，如今只剩下五十棟左右，大部分都改裝成內閣部門或大使館。在周邊漫步閒晃，窺看敞開的雄偉大門，讚嘆精雕細琢的門楣與秀麗的花園，是巴黎人喜愛的運動之一！

舉個例：

1 L'HÔTEL DE GALLIFFET佳麗斐宅邸
建於十八世紀末，現在是義大利文化中心。甫於法國大革命時竣工，就被充公了，成為精明老練政治家和外交家德塔列朗－佩里戈爾（Charles Maurice de Talleyrand-Périgord）的住所，拿破崙曾受邀到訪。
50, rue de Varenne, 75007 Paris
01 44 39 49 39

優雅貴族的新動線

優雅貴族已經不太有能力負擔波旁皇宮（Palais Bourbon）周邊的生活，不過他們知道巴黎什麼地方可以找到符合他們歸屬：優雅、簡約與古怪兼具的風格。所以他們偏愛沉浸在充滿歷史，卻又不完全凝固在歷史中，更沒有出賣自己靈魂的地方。

來皇家宮殿（Palais-Royal）周邊漫遊，這是屬於莫里哀與巴洛克作曲家盧利（Lully）的巴黎，十七世紀奢華經典的巴黎，1980年代開始在此區投資的日本人也深知其個中魅力。

2 RUE SAINT-AUGUSTIN聖奧古斯丹街
18號→ORIZA L. LEGRAND樂格紅香水店：這創立於路易十五時期的悠久香水品牌，如今已經脫胎換骨，完美重新演繹，在1900年代相當暢銷。Violettes du Czar（沙皇紫羅蘭）、Gentry Jockey Club（紳士賽馬會）、Marions-nous（我們結婚吧），飄逸著純正優雅巴黎風味。

3 RUE DE LOUVOIS盧瓦街
8號→L'HUMAINE COMÉDIE人間喜劇：歷史悠久的書店，現在已經成為一家優雅的日式美髮沙龍，俯瞰著可愛的廣場，以及廣場上涼涼作響、飾有精緻雕像的噴泉。

4 RUE CHABANAIS夏巴內街
11號→TOMO朋：年輕日本甜點師的混搭銅鑼燒，取名「巴黎－東京」，效法傳統的法式「巴黎－布列斯特」（Paris-Brest）甜點。
14號→LOUISELIO這位穿著卡蜜兒‧克洛岱爾（Camille Claudel）式罩袍的陶藝家已在此立業三十年。

5 RUE VILLEDO維列多街
5號→KUNITORAYA國虎屋2店：一家精緻的烏龍麵店，完美保留1900年的小酒館裝飾。
也是5號→LE TÉLESCOPE天文望遠鏡：巴黎最好喝的滴濾式咖啡。

6 RUE DE RICHELIEU黎希留街

47號➜MADAME HISADA久田女士乳酪沙龍：以清酒熟成令人尊敬的風土產物。

58號 ➜ 國家圖書館雄偉的拉布胡思特（Labrouste）大廳，其圓形屋頂翻新後極為壯觀。

7 RUE SAINT-ROCH聖羅赫街

18號➜BRIGITTE TANAKA碧姬與田中：巴黎最阿嬤時尚的新型態骨董店，非常珍奇！

23號➜GALERIE ANTONINE CATZÉFLIS安托寧卡澤扶利藝廊：位於中庭深處，由一個品味不拘一格的巴黎女人所精挑細選的收藏，與周圍循規蹈矩的環境形成鮮明對比。

8 HÔTEL DE LA PAÏVA派瓦飯店

這座讓人神魂顛倒奢華的宅邸曾住著第二帝國最有名的交際花。她蒐集鑽石，因而讓大把的優雅貴族破產。她的浮誇床榻為左拉提供了小說《娜娜》（Nana）的靈感，現在保存於巴黎裝飾藝術博物館（Musée des Arts décoratifs）。

25, avenue des Champs-Élysées, 75008 Paris
預約導覽：paris-capitale-historique.fr

9 HÔTEL DE SOUBISE蘇比斯府邸

瑪黑區（Marais）最富麗堂皇的宮殿，收藏著瑪麗・安東尼后上斷頭臺之前的最後一封信。以黃金裝飾的洛可可雕花木製牆與紋章壁帶將會讓你瞠目結舌。

Chaque 1er samedi du mois de 14 h 30 à 16 h.
60, rue des Francs-Bourgeois, 75003 Paris
01 40 27 60 29
archives-nationales.culture.gouv.fr/web/guest/
hotels-de-soubise-et-de-rohan

10 MARMOTTAN MONET瑪摩丹美術館

沉靜在睡蓮的祕境中。專為莫內睡蓮準備的詩意大廳，很神奇地沒有什麼觀光客！

2, rue Louis-Boilly, 75016 Paris
marmottan.fr

11 DEUX ABEILLES雙蜂

特准自己在傳奇茶沙龍暫時忘卻減肥吧。這裡的座上客多為上流社會女性，附近的優雅貴族或是Vogue的編輯。值得為了栗子蛋糕與檸檬薑茶飲專程前往。

189, rue de l'Université, 75007 Paris
01 45 55 64 04

12 MUSÉE ALBERT-KAHN阿爾伯特卡恩博物館

啟程前往環球之旅！主題花園及珍貴的天然彩色相片收藏；這位有遠見的銀行家在二十世紀立下雄心大志，建立了地球檔案館。

14, rue du Port, 92100 Boulogne-Billancourt
albert-kahn.hauts-de-seine.fr

13 PALAIS GALLIERA時尚博物館

來個一石三鳥吧。時尚博物館的收藏品在歐洲無可比擬，特展也總是完美無缺。再來，在週三或週六上午，到威爾遜總統（Président-Wilson）大道上非常受歡迎的市場，就在巴黎市立現代藝術博物館（MAM）對面；被市場的法國風味食物激發食慾之後，前往Les Marches（行軍）餐館，一家仍保留原汁原味老巴黎風格的小酒館。梭魚肉香腸、油醋韭蔥、內臟香腸、蘭姆巴巴（baba au rhum），還有微笑的服務生，這些在巴黎都是不可多得的商品！建議先預約。

palaisgalliera.paris.fr
mam.paris.fr
lesmarches-restaurant.com

L'ARISTO CHIC SECRET
優雅貴族的祕密
卓越的機密計畫

14 COLLÈGE DES BERNARDINS貝納丹學院
在新近翻修、建於十三世紀的中殿裡享用平靜不受干擾的午餐。餐點由la Table de Cana（卡納餐桌）提供，這家餐飲公司不僅烹調精美小菜，也提供弱勢族群發揮所長重新融入職場。慈善加上美食，還要求什麼？每週一至週五開放，週六僅接受預約。
20, rue de Poissy, 75005 Paris
01 53 10 74 44
collegedesbernardins.fr

15 MUSÉE FRANÇOIS-TILLEQUIN
法蘭索瓦－提爾淦博物館
來假扮哈利波特——在這裡，百年歷史的瓶罐一字排開，講述著藥典的故事。華麗書架上擺著啟蒙時代藥學大師的植物收藏品和十九世紀探險家帶回的異國戰利品，都是巴黎各屆世界博覽會的展品。我們在這裡才知道原來可口可樂是科西嘉島發明的，專利在1892年被買走。免費參觀，只是要注意必須事先預約導覽。
4, avenue de l'Observatoire, 75006 Paris
01 53 73 98 04
fondation.parisdescartes.fr

NGR賣場
在NGR賣場，在帕西（Passy）這個精打細算地區的聰明人都知道。你可以在這裡用無可匹敵的低價買到法國的過季成衣或家居飾品。金礦無誤！

16 40 bis, rue de Boulainvilliers, 75016 Paris
1000平方公尺的附屬家飾空間：
17 6 bis, rue Petit, 92110 Clichy
ngr.fr

18 L'HÔTEL WINDSOR HOME巴黎溫莎工坊飯店
迷人宅邸裡的八個房間執意地保留了歷史陳舊感。路易十四的半身雕像，約依印花布，水晶吊燈，讓人錯覺置身自己的豪宅。
3, rue Vital, 75016 Paris
windsorhomeparis.fr

19 JOLI CLOSET漂亮衣櫃
精挑細選的高級寄賣店，讓人發現懷舊的法式品質。從CHANEL 2.55口蓋包到凱莉包，所有巴黎女人夢想的包包應有盡有。如果皮革出現歲月印記，那就更好了！全新的皮革包顯得太「暴發戶」。
41 bis, rue Claude-Terrasse, 75016 Paris
jolicloset.com

20 HARVEST花店
坐落於布根街（rue de Bourgogne）的迷人小店是普魯斯特筆下詩意的純真時刻。被邀請到巴黎人家中晚餐時，可以請他們送花過去（千萬不要自己帶花，以免惹惱還有其他事情要忙的女主人）。也可以在這裡選購高雅精緻的藝術玻璃花器。這個地方同時也是攝影藝廊。
Harvest Atelier-Boutique
29, rue de Bourgogne, 75007 Paris
harvest-fleuriste.com

21 LILA SOBANSKI莉拉索邦思基
來這家醫用藥草店好好寵愛自己。如假包換，由原本是藥劑師的藥草專家經營。如果因巴黎四竄的冷風而著涼，可以來這裡找老式包裝的藥草茶以及明智的建議。
71, avenue Paul-Doumer, 75116 Paris
herbosobanski.fr

優雅貴族不藏私網站

精選線上口袋名單，
完全不須離開沙發就能暢遊大人物的樂園

MAISON GUIBERT吉貝爾工坊

這款豪華鞍具自1999年開始為經驗豐富的騎師和挑剔的時尚女性提供裝備。正是因為找不到自己夢寐以求的騎具裝備，皮埃爾·吉貝爾（Pierre Guibert）於是投身這個行業，並大獲成功。它的植物皮馬鞍、量身訂做的小牛皮馬靴或高雅的手套都是品質的見證。甚至也成功地吸引了英國人，不騙你，他們可不是馬術運動的菜鳥！

guibert.fr

BRUN DE VIAN-TIRAN布涵德維昂媞紅

法國最老的被毯品牌，已經傳到第八代，主要以亞爾（Arels）的美麗諾羊毛製造毛毯與被子。織好的羊毛布料以刺薊（唉，光想到就好痛！）擦刮的手法讓其產品擁有出類拔萃的柔軟度與保暖度。在有點陰冷的大宅裡尤其適用！其他所有地方也是啦！

brundeviantiran.com

MADEMOISELLE SAINT GERMAIN聖傑曼小姐

匈牙利皇后水乳霜還是黃瓜日霜？這個位於凡爾賽的年輕品牌有兩個有力強項：植物學和自法國歷史遺產重建的美容文化（當然要撣灰塵）。其乳霜的材料來自國王的御用菜園，就在凡爾賽宮的大公園裡，沒騙你。

mademoisellesaintgermain.com

LE LOIR EN
PAPILLON繫蝴蝶領結的睡鼠

米凱爾·方索瓦·洛瓦（Mickael François Loir）痛恨市售現成打好的領結，跟他的偶像王爾德（Oscar Wilde）一樣，都是扣眼珠寶的愛好者，熱愛昆蟲，靈感也來自昆蟲，他把男性的優雅昇華成一種生活的藝術。在他的網站上，你可以買到精緻而珍貴的配飾，讓你搖身變成講究行頭的型男。當然，所有的東西都是在巴黎手工製作的。你接下來只要找一個教程來學習如何打領結！

leloirenpapillon.com

CABANON卡阪農（鄉間小木屋）

法國製造露營器具的佼佼者。在這裡買到的帳篷有親手縫製者的簽名，非常適合用來在自家大花園招待一大群童子軍或是一大幫女童軍！沒有城堡也沒關係，買個印第安人的圓錐帳篷一定會讓平民兒童雀躍不已！

cabanon.com

L'ARISTO CHIC EN VILLÉGIATURE

優雅貴族度假去

目的地：熱爾！

　　對優雅貴族來說，這才是「不同的大南方」，也就是真正充滿鄉村風格的正統法國西南部，與蔚藍海岸那種虛假又俗氣的南方不可相提並論。他們這個言論不代表我們的觀點，不過位於加斯科涅（Gascogne）區中心的熱爾，路易十四的劍客隊隊長達太安伯爵的故鄉，值得為它如癡如醉！這裡沒有什麼城堡或壯闊的景色，只有平緩的丘陵與正宗的中古世紀村鎮，建築也終於不全是度假別墅！優雅貴族駕車往來省道公路，與家族在這些精心整修過的大宅邸中度過夏天。他們喜愛抱怨夏天人潮太多。但根本錯得離譜：這個地區極為靜謐祥和。在熱爾，人們不會以愛護動物為由，在鴨胸或肥鵝肝前扭捏作態——這可能會導致外交危機！

旅遊議程

LECTOURE萊克圖兒

為了這裡可愛的羅馬式主教座堂、還有能俯瞰整個鄉村景致的街道、以及巴斯塔德飯店的肥鵝肝佐甜瓜片。然後一定要到傳奇的Café des Sports（運動咖啡館）朝聖，這裡是貨真價實的大熔爐，能看到當地人、優雅的美國旅客以及健行者和樂融融坐在一起。更不要說還有談生意的農民，面前擺著油封鴨腿跟一瓶在地的馬第宏（Madiran）葡萄酒！
hotel-de-bastard.com

AUCH歐石

法蘭西飯店（Hôtel de France）的露天餐廳是觀賞路人與品嚐知名塔布豆的絕佳場所。兩步之遙，就有另一座雄偉的主教座堂，這次是哥德風格。
hoteldefrance-auch.com

AUBE奧貝

奧茲（Eauze）的週四、米朗德（Mirande）的週一以及阿杜爾河畔艾爾（Aire-sur-l'Adour）週六的早市，是法國鄉野風情完美保留的奇蹟。在令人食指大動的香腸與庇里牛斯山乾酪攤位間漫步，再賞自己喝一杯與當地人情一樣濃烈的「晨間餐前酒」。

LA FERME DESCOUBET德酷貝農莊

農莊的房間與餐桌是全面體驗熱爾的終極武器！來場沉浸式課程，前幾天可能需要節食。
ferme-descoubet.com

健行於兩場盛宴之間

地形指南《熱爾步行》（Le Gers à pied）讓你寧靜從容地領略熱爾的大自然與歷史遺產。只有法文版（不提供雙語版本才是法國精神！）不過書裡的地圖很簡單，大家都能看得懂。在當地書局或店鋪裡均有販售。
ffrandonnee.fr

MAZÈRES馬澤雷村

要參觀阿杜爾河畔的十二世紀堡壘教堂得跟克洛德預約，這位掌管教堂鑰匙的熱心女士就住在教堂對面。
Inscriptions au 05 62 96 39 09

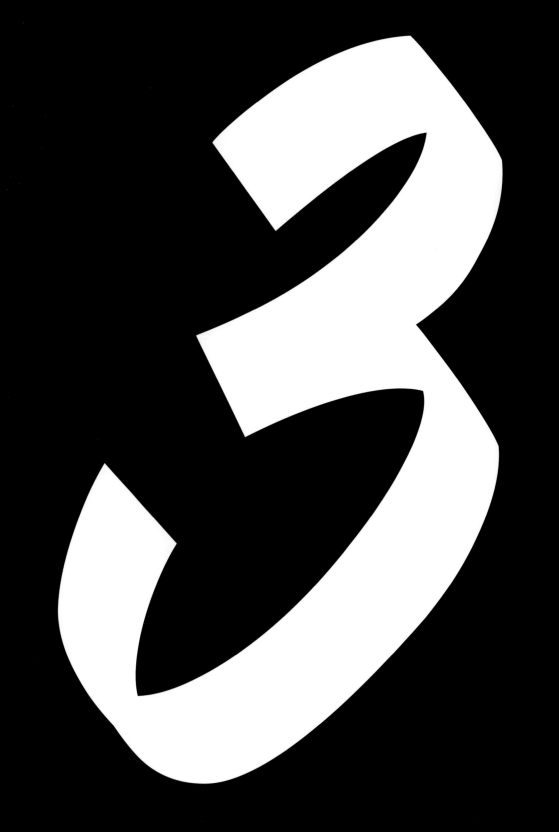

復古布爾喬亞

LES BOURGEOIS VINTAGE

ÊTES-VOUS 您自認為是……

UN PEU,
BEAUCOUP,
PASSIONNÉMENT,
À LA FOLIE,
PAS DU TOUT...

有一點、還可以、我就是、
超級是、完全不是……

BOURGEOIS VINTAGE
復古布爾喬亞嗎？

QUIZZ 快問快答

● 你的子子孫孫都了解修辭學與隱喻的差別。　● 你喜歡在夏天時穿淺色及膝緊身長褲。　● 「絕不抱怨，絕不解釋」是你的座右銘。　● 你絕對不穿白色的泳衣。　● 絕不拿麵包抹淨餐盤上的醬汁。　● 自制力是不可或缺的社會美德。　● 十六歲前禁止使用手機！● 你認為真正的家庭只能有一個爸爸跟一個媽媽。　● 教宗方濟各的反金融通諭？太讚了！● 吃完生蠔後擦手用的檸檬香味濕紙巾？恐怖的東西！　● 驢皮公主的主題曲〈愛情蛋糕〉（*Cake d'Amour*）是你家耳熟能詳的主題曲。　● 打呵欠時必須以手遮嘴。　● 自己做麵條是再輕鬆不過的事。　● 一定會把火腿從包裝紙中拿到盤中才食用。

→ 你勾選了6到10項。你可能自己也不知道，不過你是如假包換的復古布爾喬亞。閱讀以下資料以茲證明。

→ 你勾選了3到6項。只差一點，你就是復古布爾喬亞家族的成員了。吞下這個章節內容以獲取更多點數。

→ 你勾選了不到2項。你既不是布爾喬亞，也不復古！不過為時未晚，照我們的建議去做就可以。

UN PEU D'HISTOIRE 來點小歷史

«Tout bourgeois veut bâtir comme les grands seigneurs,Tout petit prince a des ambassadeurs,Tout marquis veut avoir des pages.»

Jean de La Fontaine

「所有布爾喬亞都想建造大領主那樣的宅邸，再小的王儲都想要有幾位領使，所有侯爵都想要有幾個Page[1]。」

——尚·德·拉封丹 （Jean de La Fontaine）

　　復古布爾喬亞都是「日安！夫人」（Bonjour Madame）、「再會！先生」（Au revoir Monsieur）、「謝謝！小姐」（Merci Mademoiselle）、「抱歉！年輕人」（Pardon jeune homme）或「親愛的朋友！請見諒」（Je vous prie de m'excuser chère amie）這類禮貌用語的保證人。

譯註1：法文「Page」指進宮當侍從或服侍騎士的貴族家庭年輕孩子。7歲開始當學徒，7年之後成為騎士的侍從，21歲時則能成為騎士。

復古布爾喬亞自十九世紀上臺以來，就是法國上流社會無可取代的中流砥柱。好教育、好工作、好守則、好街坊，還有好的齒顎矯正醫師，復古布爾喬亞完美詮釋了由前幾代布爾喬亞所認證的法國民族經典哲學。就像普魯斯特筆下的人物，《追憶似水年華》中的Madame Verdurin，藉由嫁給王子來實現她一生的抱負；復古布爾喬亞也夢想著成為優雅貴族的一員，但不想跟他們一樣為「房事」煩惱！

浮誇賣弄不太能打動復古布爾喬亞，甚至還會惹惱他們；低調、謹慎與因循守舊才是他們欣賞的。在IG上面晒依澤爾河谷（Val-d'Isère）或聖呂奈爾（Saint-Lunaire）家族度假的訊息才不是他們的作風！他們也不會想用他們的布列塔尼小帆船去交換模里西斯小島（l'île Maurice）的大型水上摩托車；他們反而喜歡與親密之交出遊，而且偏好大眾旅遊無法插足的地點。所以他們心甘情願在淡季時，長途跋涉到南阿爾卑斯山的凱哈斯（Queyras）山徑，並開心地品嚐老是抱怨個不停的牧羊人親手做的乾酪。復古布爾喬亞也喜歡心靈之旅，嘗試反思與逃離消費主義的漩渦。伴隨病人前往聖地盧爾德（Lourdes）是備受推崇的選項：連最起碼的義工都不做，一點都不介意暗示自己是討人厭的個人主義者！

雖然復古布爾喬亞的觀念已全面解放，他們還是喜歡插手後代子孫的終身大事。他們會藉著「家族聯誼舞會」監控舉家族裡青少年的交往狀況，這些晚會以私人俱樂部方式進行，而且從上小學開始就登記入會了。即使孩子們穿著像企鵝的黑白禮服以及塔夫綢洋裝，舉辦晚會的母親們仍然擔心他們會有過激行為。不過還好，即使布蘭婷（Blandine，**布爾喬亞常見的名字**）因為酒精而昏迷，這件糗事也不會外揚，因為擅長馬球的布爾喬亞圈子都是經過嚴格篩選，所以也相形封閉的。

復古布爾喬亞的子弟都會搶先在地鐵上讓位給年長女士，而其他孩子還假裝在打Candy Crush。他們對計程車司機畢恭畢敬地說「日安！先生」，常常會嚇到當事人。他們也被教育不能打斷大人的話、要整理房間、上餐桌之前要先洗手、喝水就好，不能喝對牙齒不好的汽水。

伶牙俐齒謬斯

VALÉRIE LEMERCIER
瓦萊麗・樂梅西埃
善於諷刺，令人激賞。

BERTRAND BURGALAT
博謙・柏格勒
身著法國省長的服裝精心雕琢考究的流行音樂。這兩者均善於靈活玩弄布爾喬亞的語言密碼。

嘮叨謬斯

ALAIN FINKIELKRAUT
亞倫・芬凱爾克勞特
入世的哲學家與知識分子，堅持不懈地捍衛法語並頌讚「以前比較好」。對於政治正確的事總是不假辭色。

心靈謬斯

JEAN ROCHEFORT
尚‧侯謝弗
PHILIPPE NOIRET
菲利浦‧諾瓦雷
JEAN-PIERRE MARIELLE
尚－皮耶‧馬里耶勒
這些1960與1970年代的演員都是優雅又有教養的冷面笑匠，代表網路年代之前的某種法國印象。嗓音勝過外貌的那種。

復古布爾喬亞在家裡享用早膳、午膳與晚膳，但是絕對，非常絕對，不只是「吃東西」。如果有孩子忘了這條金規玉律，一定會被唸叨：「只有動物才這樣。」用餐是與家人或朋友坐在餐桌前共享的重要時刻。隨手從冰箱挖點東西出來果腹，才不是他們的作風，對他們來說，那簡直是家庭分崩離析的信號，一種俗氣而自私的「各自為政」。如果家裡的青少年膽敢在「14點」吃早餐，復古布爾喬亞就會祭出「這裡不是旅館」這句話曉以大義！

復古布爾喬亞家族的母親們相當注重後代的學習成績。要求是必然的：最好數學要很強，畢竟這是法國教育當中的高貴學科！孩子同時也要是雙語（這在法國算是例外），定時送到英國的學院或是夏令營，再不然就是託付給外國籍保姆（「au pair」互惠生的現代版），讓她們以寓教於樂的方式開啟學習中文或日文之路。事實上，在教育體制中，復古布爾喬亞家族才會跳脫傳奇性的「少即是多」主義。高中畢業會考的成績必須拿到「評語」[1]才夠優秀，接著當然要就讀大學院，比進入大學更吃香。數學成績好的孩子一定瞄準巴黎中央理工學院，或是更好的「X」[2]（巴黎綜合理工學院），其他孩子能進入知名的商業學院就算不錯了。對父母親來說，學習優異等於別在鈕扣眼上的勛章，可以讓你假裝一臉謙虛實則驕傲不已的參加羅荷（Laure，布爾喬亞常見的名字）或亞爾班（Alban，布爾喬亞常見的名字）被LVMH錄用的社交慶祝晚宴。

在法國，我們喜歡嘲諷復古布爾喬亞族群墨守成規。然而，令人吃驚的是，這個族群竟然出現碧姬‧芭杜、莎岡或聖羅蘭這種「革命分子」。高壓教育背後，往往會出現對傳統的反動，甚至強烈得令人驚心動魄。復古布爾喬亞家族的悖論盡顯於此：藏於冰雪之下的火焰，蠢蠢欲動！

譯註1：法國成績計算方式多以20分為滿分，BAC高中畢業會考成績12分以上才會有評語：12~14分Assez Bien（還好），14~16分Bien（好），16~20分Très bien（非常好）。
譯註2：有兩個典故，一是校徽上兩尊交叉的大砲，二是因為代數裡的X及Y。

MIEUX VAUT LE SAVOIR... 不可不知

為你解讀內行人才懂的一些禮儀

Le «P.M.» (Pour Mémoire)
PM（為提醒起見）

相當實用的習俗，通常在晚宴的前一天發送訊息（可以容許發手機簡訊），提醒受邀者幾個星期之前已經確認的邀請。一般的細節（大門密碼之類）也會寫在裡面。

Le «E.V.» (En Ville) sur l'enveloppe
信封上的「E.V.」（本埠）

如果把紙條或信件直接放在收信者的信箱或是門口踏墊下，例如寫給鄰居的紙條，就會在信封的右下方寫上「E.V.」（本埠）。這種情況下，當然信封上不會有郵戳。

「P.A.M.」不能有婚前性行為
Le «P.A.M.» (Pas Avant le Mariage)

一種仍然會促使某些情侶年紀輕輕就閃婚的制約因素。這種急切的心情也意味著肚子裡可能有一個以「P.A.C.」（不戴套）模式製造的「J.M.J.」（世界青年日）[1]寶寶。

譯註1：天主教會為青年族群舉辦的國際節慶活動，由前教宗若望保祿二世於1984年發起。與國際青年日（Journée internationale de la jeunesse）不同。

法國佬，幹得好！ZE FRENCH DO IT BETTER

PLUTÔT MOURIR QU'(E)...

寧死也不

翹掉
耶誕節子夜彌撒

舔
自己的
餐刀

穿網球襪配Church's牛津鞋

不撿
東西。即使在無
人的路上

十二月十五日之前就
在狩獵別墅開暖氣

在地鐵站跳過閘口逃票

浪費Terracotta 香水

讓門
口踏墊下的費
加洛報被偷

不在園遊會賣自己做的薩伏依
蛋糕 （Gâteau de Savoie）

為老么取名Kevin
或Neymar

在拼字遊戲中被W字牌卡住

而且
還輸了橋牌

LA BOURGEOISE VINTAGE... ICÔNE DE MODE

復古布爾喬亞：時尚指標

文學謬斯

ROGER MARTIN DU GARD
羅傑‧馬丁‧杜‧加爾
小說《蒂伯一家》
（*Thibault*）的作者，是
一部描寫1922年至1940
年法國布爾喬亞的精湛
浪漫傳奇，所有家庭書
架上都有一本。

LA COMTESSE DE SÉGUR
賽古爾伯爵夫人
她寫了很多關於笨拙或
模範生小女孩的故事，
因此從1860年起就成了
托兒所的偶像！

聖羅蘭該不會是因為討厭布爾喬亞女性的無趣，所以才想顛覆她們的穿衣哲學，為她們打造了具標誌性又難以捉摸的衣櫃？香奈兒女士以淨化女性輪廓為己任，知名的粗呢短版外套就是從她的情人西敏公爵身上挖掘的點子。香奈兒後繼有人，輪到聖羅蘭從男士衣帽間竊取靈感了！1966年，聖羅蘭推出一顆震撼彈：女士專屬的黑色菸裝（Le Smoking）。女士們立即趨之若鶩，雖然禁止女性穿著長褲的禁令在2012年才廢除，她們才不會等到這一天才入手菸裝！聖羅蘭長褲套裝經常被重新發行，也被演繹得淋漓盡致；漢姆特‧紐頓（Helmut Newton）於1975年為法國時尚雜誌《Vogue》拍攝的充滿女同志寓意的照片，讓聖羅蘭長褲套裝成為不朽。聖羅蘭風格的新布爾喬亞女性，擁有無懈可擊的髮型和低調的妝容，心機隱藏在小學童款式的傘狀洋裝、莊重的軍旅風格大衣和看起來一本正經的拉瓦利耶領（lavallières，領口綁蝴蝶結）真絲套衫下。路易斯‧布紐爾（Luis Buñuel）在他執導的《青樓怨婦》（*Belle de jour*）電影中，也讓這些假正經的女人現出如烈火般的性子：片中女主角Séverine Serizy——偽善的新版「包法利夫人」，就是穿著已成為傳奇的寄宿生制服，白領白袖口的黑洋裝，以賣淫尋求快感。從此之後，在法國人的集體潛意識中，布爾喬亞女性都有凱撒琳‧丹妮芙（Catherine Deneuve）的臉蛋與金髮。幻想正式展開！繼布紐爾之後，克勞德‧夏布洛（Claude Chabrol）也對隱身於冷酷無情優雅外表，卻勇於打破禁忌、不畏世俗眼光的布爾喬亞女子感興趣。在導演楚浮（François Truffaut）的《偷吻》（*Baisers volés*）一片

中，迷人而性感的黛芬‧賽赫意（Delphine Seyrig），勾引了被迷得暈頭轉向的劇中人物Antoine Doinel。

被理想化的復古布爾喬亞具永恆的形象，總能激發設計師的靈感。Guillaume Henry與Christophe Lemaire經常從外表傳統，實則捉摸不定的女性穿著中得到創作靈感。

復古布爾喬亞的「勿忘我」計畫

年輕品牌VANESSA SEWARD重建往昔布爾喬亞性感形象，走暗示與自持路線，對還在穿短版洋裝跟窄腳褲的現代布爾喬亞（請參考下一章）來說會有點太微妙。繫有領結的絲質罩衫，印花真絲及膝禮服、鉛筆裙和高跟涼鞋，1970年代塞納河右岸上流社會的衣櫥，在此完整活靈活現地展現，並在比例和材質上加入了現代感。時髦又聰明的品牌設計師Vanessa Seward，曾任職AZZARO與A.P.C.，始終捍衛這種低調又熾烈的超級女人味。半高腰的阿拉巴馬（Alabama）合身牛仔褲，完美展現漂亮直腿，在巴黎已經成為神物。三十多歲的女郎尤其為之瘋狂。

vanessaseward.com

LA LISTE BV 復古布喬必買清單

我們能迅速長出布爾喬亞的慧根嗎？可以！全靠這張精挑細選的購物單。

① *LE GANT* 手套

裝飾性手套的典故可溯自第九世紀，那時手套和主教冠與權杖一樣，都是主教的配備，後來成為裝飾繁複的配飾——奧地利的安妮公主擁有347雙手套。男人會把手套砸在對手臉上，而女人則把手套送給追求者。在第二帝國時期，上流社會的女性不會蓬頭亂髮，也不會光著手出門。一直到1960年代，手套都不離身，除了到親密朋友家用餐或喝茶之外。遇到抽菸的情形比較困擾——到底該戴著手套抽菸還是不戴呢？即使在今天，也不難見到一些行動不便的老太太戴著皮手套搭乘大眾交通工具。

代表性品牌：CAUSSE

CAUSSE於1892年成立於小羊皮手套之鄉——米約（Millau），一直繁榮到1968年代後，人們開始譴責布爾喬亞的手套。被CHANEL收購後，在1990年代隨著法國奢侈品的崛起而復甦。總部仍然設在阿韋龍（Aveyron），繼續為時髦的巴黎女性以及明星服務：莎朗・史東（Sharon Stone）、瑪丹娜和卡爾・拉格斐（Karl Lagerfeld）都是忠實顧客。

causse-gantier.fr

 明星商品

「Victoria」（維多利亞），一款採用釉面小羊皮的優雅女用手套，猶如女性第二層肌膚。午夜藍（bleu nuit）最美，其他更瘋狂的顏色也不錯。

② *LE SAVON PARFUMÉ* 香氛皂

香皂在法國的歷史相當曲折。中古世紀的人與傳說相反，喜愛在河裡洗澡，當時香皂極為普遍，文藝復興時期才開始被香水取代。隨著十九世紀布爾喬亞價值觀取得上風，乾淨與衛生自此成為道德的重要標誌，香皂工業的發展也突飛猛進。擁有十幾家香皂廠與同數量香皂品牌的馬賽是香皂工業的首都。雖然化學與全球化已經改變了很多東西，復古布爾喬亞仍然鍾愛散發舊時芳香（紫羅蘭或香根草）的高雅香皂。

代表性品牌：
ROGER & GALLET賀傑與賈雷

由兩位高瞻遠矚的連襟於1862年創立的品牌，迅速以「Jean Marie Farina」古龍水在歐洲宮廷中闖出名號。以蒸餾的天然精油製作，使用方法與香水一樣擦在身上。拿破崙為之瘋狂，所以有人為他設計了能塞進靴子裡的特殊香水瓶。品牌的圓形香皂於1879年推出之後即大受歡迎，芬芳直透入心，即使使用至最後一點，香味依然如開封時般濃郁。優雅的產品銷售定位——啊！以紗紙摺疊出太陽光芒的傳奇包裝！以及精良品質吸引了復古布爾喬亞。上流住宅區的藥妝店裡總是有存貨的。

roger-gallet.com

明星商品
當然是品牌最具象徵性的「Jean Marie Farina」香氛皂，具有甜美的柑果芳香。

③ LA FAÏENCE FLEURIE 花卉陶器

全套共四十五件的白底小花彩陶餐具，是布爾喬亞家族餐桌上的歷史雅客。陶器在路易十四時代迎來的一個輝煌時期，它通常比瓷器堅固，也因為加工容易而更便宜。從十九世紀至1930年代，陶器迅速成為備受歡迎的餐具。後來在北歐設計與極簡主義的衝擊之下，被棄置許久。但現在又因其具有「阿嬤」風格，轉而贏得了千禧世代（Y世代）的歡心。

代表性品牌：GIEN然鎮

1821年，一位英國人在這個擁有豐富資產（陶土原料、可用於陶窯的奧爾良森林木材）的羅瓦爾河畔小鎮創立了歐洲最大的陶器廠，其產品在1914年之前，一直是掌管布爾喬亞家族餐廳大局的主流餐具。然鎮陶器廠於1930年還負責燒製巴黎地鐵站所需的磁磚。挺過多年艱辛歲月，然鎮陶器廠被列為「活遺產」，於2014年開始，禮聘眾多藝術家與設計師，重振士氣。藍色或紅色的「Rouen Fleuri」（花團錦簇盧昂），或是「Tulipes Noires」（黑鬱金香）都是無與倫比的經典款。

gien.com

明星商品
可以客製姓名縮寫字母的小碟子。即使買不起專門給有錢收藏者的手繪款式，也足以安慰了。

④ *LA CRAVATE* 領帶

路易十四的父王所招募的克羅埃西亞騎兵，在脖子上圍著漂亮圍巾，後由路易十四賦予這條圍巾重要的地位。法文的「Cravate」（領帶）一字很可能其實來自「croate」（克羅埃西亞人）。飾以蕾絲的領帶於是成為當時整個歐洲貴族的流行。領帶在接下來的一個世紀裡，先由紈褲子弟，後由富人階級引領潮流，如今以樸實的風格成為復古布爾喬亞喜愛的形式主義保證。下班後的友好晚宴上，出席的男士們向女主人詢問是否可以鬆開這個象徵物，好復古呀！

代表性品牌：CHARVET夏維

歷史悠久的巴黎「襯衫坊」，從1838年就創造了男士時尚店鋪。波特萊爾（Charles Baudelaire）、馬內（Edouard Manet），還有喬治桑（George Sand）都曾穿上其知名的襯衫，後者還為她的情人繆塞（Alfred de Musset）在此購物。頭頂王冠的歐洲貴族與法國政要也是常客。印花絲質領帶是神物。普魯斯特曾花了數小時挑選完美的粉色系，畫家杜菲（Raoul Dufy）也是讓絲質領帶紅透半邊天的背後推手。如今雖然流行漸緩，仍然是上流社會所推崇的父親節禮物，如果預算較少的人，可以選擇裝飾性的袖扣。

28, place Vendôme, 75001 Paris

明星商品
數以千計的領帶款式當中的任何一款！光是入店參觀（當然沒有線上商店）就宛如潛入優雅世界，令人眼花撩亂。

⑤ LE MOCASSIN 莫卡辛鞋

法國人在北美建立「新法蘭西」殖民地時，認識了北美原住民穿的皮製「mekezen」（梅客森）。挪威人與英國人至今還在爭論到底誰才是現代莫卡辛鞋之父。無論事實如何，莫卡辛鞋的成功始於1920年代，幕後推手是來自緬因州的一位鞋匠，George Bass。他的莫卡辛鞋非常受到常春藤盟校學生的歡迎，也吸引了歐洲人的青睞。帶有運動風格的鞋履，絕對不能與正式西裝搭配。

代表性品牌：J.M. WESTON 威士頓

1891年成立於法國中部的利摩日（Limoges），是共和國衛隊和國家憲兵隊的官方供應商，以其向美國師法的「固特異縫製法」鞋子聞名。J.M. WESTON創辦人在法國被聯軍解放之時，發明了莫卡辛鞋，意圖與樸素端莊的德比鞋（derbies）及黎希留鞋（richelieus）一爭長短。結果，挑戰一舉成功，莫卡辛鞋在1960年代瘋狂席捲流行。亞蘭·德倫（Alain Delon）在《陽光普照》（*Plein Soleil*）電影中穿莫卡辛鞋不穿襪的帥勁魅力無窮，J.M. WESTON的必買鞋款莫卡辛180款式，後來改名為「Janson-de-Sailly」（詹森薩伊），因其忠實顧客來自巴黎這所鼎鼎大名的同名高中。《雜貨店之流》（*la Bande du Drugstore*）片中追求時髦的年輕男女，腰纏萬貫，穿著華貴，獵豔或跳舞時都離不開J.M. WESTON莫卡辛鞋。法國已逝的前總統密特朗就擁有三十雙。不僅僅是時尚，而是一種神話的誕生！

jmweston.com

明星商品
海藍或薑黃色的MOC男鞋或女鞋。

⑥ *LE POLO* 馬球衫

馬球衫是傳統布爾喬亞最愛的代表性休閒穿著，被整齊乾淨的學院生穿著，是預科生風格；在他們愛好賽船的爺爺身上則顯出滄桑色彩；金髮馬尾的女高中生的馬球衫自然流露性感，而她們四十多歲的母親，晒成古銅色，穿上馬球衫更顯完美高貴。即使有些電視主持人或廣告大亨仍然認為黑西裝搭配馬球衫非常高雅。不過，穿馬球衫時，千萬不要把領子立起來，這是不用多說的！有些MCMG（Mauvais Chic Mauvais Genre，差勁時尚拙劣風格）族群就很容易犯這個錯。

代表性品牌：LACOSTE拉科斯特

這件LACOSTE的「襯衫」，是法國網壇四騎士之一的荷內·拉科斯特（René Lacoste）於1927年開始引起風潮。針織領子是為了不讓網球選手的脖子被太陽晒傷。荷內於1933年退休後，與法國針織業龍頭大老安德烈·吉利爾（Andre Gillier，也是ZADIG & VOLTAIRE品牌創始人的祖父）合作，推出了日後家喻戶曉的Polo衫。1950年代開始，這款跨世代的作品即有多種顏色變化，但始終保留其著名的鱷魚標誌，其靈感來自荷內還是強悍冠軍時的綽號：「鱷魚」。

lacoste.com

明星商品
當然是深藍色的L.12.12款式馬球衫。

LE BOURGEOIS VINTAGE GOURMAND
復古布爾喬亞美食家

　　儘管「早午餐」潮流的攻勢不斷，對復古布爾喬亞來說，週日午餐仍然是一週的重頭戲。一家人齊聚一堂，3C產品全數關機，手腕們乖乖地貼在餐桌上。賢君亨利四世時期的燉雞，與路易十八時期取代其地位誕生於的烤雞，已經不再是餐桌上的絕對明星。不妨想像一下，有一天，學生終於有機會可以做頓真正的料理，一定會有肉類：牛肋排、小羊腿，英式烤牛肉則少一點（與1970年代的電動刀一起沒落了）──素食主義真的不太是復古布爾喬亞的菜！時間安排則比以前靈活多了，除非被九十多歲的祖父母邀請，他們才會執著在神聖不可侵犯的12點半吃飯：同時還得考慮那些都不知道幾點才睡覺的「肖年ㄟ」，還有下午1點返家的那批滿身泥漿的飢餓童子軍。總之，上桌時間很晚，穿著隨意，但不可以披頭散髮。餐具都擺得很美，但是即使女主人促狹地堅持，吃乳酪時也不換乾淨的餐盤。任何一個家長在慢跑回家的路上，都會順手買一根熱騰騰的傳統版長棍麵包，和一個週日甜點。正好，從修女泡芙到巴黎－布列斯特泡芙，還有蘭姆巴巴這些傳統的厚重蛋糕，都被喜歡改造的甜點師們重新推出。

　　不過，在餐點之外，週日午餐最重要的是讓每個人聊一聊自己這週發生的事，這項寶貴的活動會惹惱最年輕的一輩，不過能讓他們「嘴裡有東西不能說話」這個本領更臻完美──富裕家庭的環境還滿殘酷的。

家庭薯泥牛肉醬：復古布爾喬亞的食譜

4人份
→1kg牛肩肉（由肉鋪先處理好）
→1根紅蘿蔔
→1枝芹菜
→1顆洋蔥
→百里香與月桂葉，鹽與胡椒，麵包粉
→1kg馬鈴薯
→350g奶油
→液態鮮奶油

作法：
❶ 牛肩肉放入含有香草植物、蔬菜、鹽和胡椒的高湯中，小火煮至少6小時。必須煮至肉充分熟軟，吸收大部分湯汁。
❷ 將肉切碎。
❸ 用奶油及液態鮮奶油做濃郁細緻的薯泥。
❹ 在每個盤子裡放上大量的肉，上面鋪上幾匙的薯泥。
❺ 撒上胡椒和一點麵包粉以增加酥脆度。
❻ 堂而皇之地大快朵頤（但最重要的是，別邊咂著舌頭讚美）。

法國佬，幹得好！ ZE FRENCH DO IT BETTER

最佳的巴黎週日甜點

JACQUES GENIN巴黎－布列斯特泡芙
這款車輪形狀的糕點是為了紀念巴黎－布列斯特自行車賽而誕生的。這可以證明，在法國，任何藉口都能大吃一頓！作為一名自學成才的糕點師和頂級巧克力師，Jacques Genin重新改造經典甜點，並賦予更多靈魂。他的水果軟糖口味眾多：黑加侖、大黃、血橙，還有甜菜、甜椒、茴香、甚至黃瓜，都讓味蕾蠢蠢欲動。
27, rue de Varenne, 75007 Paris
133, rue de Turenne, 75003 Paris
(chocolaterie uniquement)
jacquesgenin.fr

ARNAUD LARHER聖諾黑泡芙塔
1847年由位於巴黎聖諾黑街（Saint-Honoré）的Maison Chiboust糕點鋪發明，法國甜點的偉大經典。法國人在家會稱之「Saint Ho」（聖托）。2007年拿到「法國最佳工藝師」頭銜的Arnaud Larher做的泡芙塔，在巴黎無人不曉。
53, rue Caulaincourt, 75018 Paris
arnaudlarher.com

UN AMOUR DE BABA蘭姆巴巴
據說波蘭國王，也就是路易十五的岳父，發現他的庫克洛夫蛋糕（kougelhopf）太乾，就豪爽地灑上了葡萄酒。在1835年的巴黎，改灑蘭姆酒的蛋糕才成為傳世之作。UN AMOUR DE BABA致力於以千百種方式來詮釋蘭姆巴巴，帶品嚐者領略不同的酒類和精選的原料：來自馬提尼克島（Martinique）的蘭姆酒、愛爾蘭咖啡、馬斯卡彭乳酪（mascarpone）還有洛神花，實在令人難以抗拒誘惑！
179, rue du Faubourg-Saint-Honoré, 75008 Paris
unamourdebaba.fr

CYRIL LIGNAC的蘭姆巴巴也很暢銷，以雲朵般輕盈的波旁香草鮮奶油聞名。
2, rue de Chaillot, 75016 Paris
gourmand-croquant.com

KL PÂTISSERIE法式千層酥
由La Varenne發明，Antonin Carême改良，名稱來自包夾著香草卡士達奶油餡的多層酥脆餅皮。KL的法式千層酥為了保持微糖卡士達奶油的新鮮與輕盈口感，都是在最後一刻才裝飾完成。在這家同時也是茶沙龍的甜點鋪裡，每週三都有吉拿棒。我已經警告過你了！
78, avenue de Villiers, 75017 Paris
klpatisserie.com

FOU DE PÂTISSERIE糕點精選
《Fou De Pâtisserie》雜誌的創辦人，茱莉‧馬修（Julie Mathieu）與妙麗葉兒‧泰蘭迪（Muriel Tallandier），決定將精心挑選的巴黎最佳甜點集中在同一個地方，以滿足雜誌讀者的需求。在這裡可以吃到各甜點大師的作品：Jacques Genin、Philippe Conticini、Hugues Pouget、Christophe Adam、Olivier Haustraete、Jonathan Blot、Cyril Lignac、Yann Brys、Fabrice Gillotte、Pierre Hermé、Gilles Marchal……專為甜點控開設的真正概念店！
45, rue Montorgueil, 75002 Paris
36, rue des Martyrs, 75009 Paris

STOHRER修女泡芙
巴黎最古老的甜點鋪，由一位跟隨路易十五的年輕妻子來到巴黎的波蘭糕點師於1725年創建，至今仍保留著它的歷史氣息和引人注目的裝飾。10人份的肥胖修女泡芙是家庭聚會必備聖物。不過，4人份的「Puits d'Amour」（愛之井）焦糖奶油酥塔也是相當精采的選項，兩人（貪吃鬼）共享也很適合！
51, rue Montorgueil, 75002 Paris
stohrer.fr

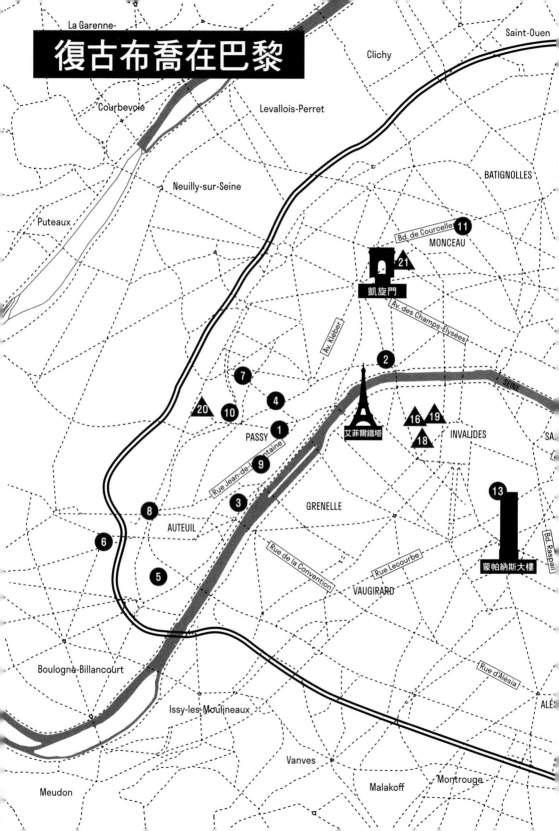

復古布喬在巴黎

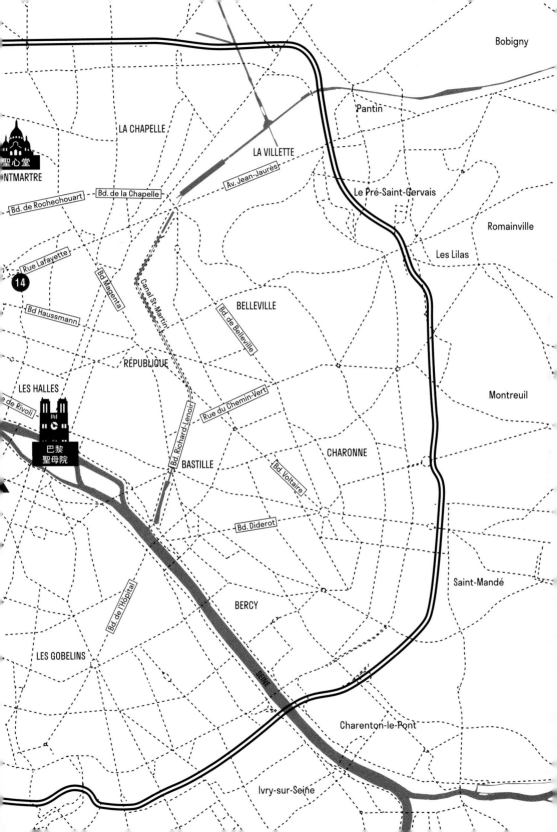

復古布爾喬亞的起源地

　　由於巴黎第十六區北邊有點太新貴暴發，而且充斥太多觀光客（由於艾菲爾鐵塔的緣故不得不然），復古布爾喬亞最後選擇在奧特爾（Auteuil）與帕西（Passy）的古老城鎮安置家具行囊。這裡曾經是巴黎城門外的鄉野一隅，在農村時代，莫里哀以及巴爾扎克為了躲避首都的喧囂，在這裡定居下來。就連大仲馬筆下神祕而又富可敵國的基督山伯爵，也在拉方丹街（rue de la Fontaine）28號買下了一棟鄉間別墅！溫泉、森林葡萄園及農場都已是過往雲煙，但是，在視線未及之處，仍然坐落著被翁鬱樹林包圍的私人豪宅與別墅。並不住在這裡的巴黎人對這個擁有眾多充滿滄桑魅力博物館與古老豪宅的地區嗤之以鼻，認為這裡既陰沉又封建。但這樣想並不公道，證據就是巴黎左岸精品超市La Grande Épicerie，極致美食勢力的附庸風雅殿堂，2017年11月在此展店，寫下「十六區之傲」的新紀元，自此走進時尚。在巴黎，大聲宣揚此區很酷，甚至非常時髦。復古布爾喬亞因此感到訝異，也同時受寵若驚！

舉個例：

1 LA MAISON DE BALZAC巴爾札克工坊
從這裡，可以略窺此區在上個世紀的風貌。巴爾札克當年不堪債主追討，從花園深處的暗門逃跑。花園至今仍在這個特殊出眾的博物館四周。
47, rue Raynouard, 75016 Paris
maisondebalzac.paris.fr

復古布爾喬亞的新動線

　　復古布爾喬亞對十六區瞭如指掌，不過有時還是會小心翼翼地越線去別區探險。

在十六區……

2 MUSÉE YVES SAINT LAURENT PARIS 聖羅蘭博物館
在巴黎的聖羅蘭博物館感受「丹妮芙氣息」（Deneuvise）（凱薩琳・丹妮芙是聖羅蘭的謬斯女神）；博物館安置於聖羅蘭時裝公司所在地。這座博物館在自身的歷史地盤上，頌揚將布爾喬亞文化推向國際神話行列的推手。
5, avenue Marceau, 75016 Paris

一次打包一堆傳統又美味的餐館，時尚又不傷荷包。舒適的裝潢，法式擺設餐桌，採用上等食材並改良得恰到好處的料理。Comice與La Causerie的復古名稱掩蓋了餐館的現代風格，值得特地前往朝聖。

3 →COMICE選民會
31, avenue de Versailles, 75016 Paris
01 42 15 55 70
comice. paris

4 →LA CAUSERIE閒談
31, rue Vital, 75016 Paris
01 45 20 33 00
lacauserie.fr

在飾有女像柱（Cariatide）的雄偉建築間閒晃，或是建築師Hector Guimard建構的獅頭羊身龍尾吐火怪物、Mallet-Stevens的前衛實驗性建築、Auguste Perret的大膽設計風格、還有一些神祕的別墅（有私人小徑）、法國國家廣播電臺會堂（Maison de la Radio）等這些1960年代令人眼睛一亮的創意建築。安排一趟由講師導覽的主題之旅，始終都是個好主意。
lecercleguimard.fr
paris-promeneurs.com
unjourdeplusaparis.com
maisondelaradio.fr

尋找巴黎的新布魯克林區：

Village Boileau絕對是後嬉皮時代最夯的聖地，行家都掛保證。Holiday Café跟同名服飾店都讓時尚編輯跋涉來朝聖。別緻的舊貨店與精緻的雜貨店也加入了這批先遣部隊。其他人則欣賞像Molitor這樣的裝飾藝術建築群、與眾不同的「企業城」以及這片仍不為遊客所知的土地的憂鬱魅力。

5 →**LE HOLIDAY CAFÉ假日咖啡館**
192, avenue de Versailles, 75016 Paris
01 42 24 90 21
holiday-magazine.com

→**LE VILLAGE BOILEAU布瓦洛村**
可以在frankdurand.com網站上的「Plus」選項中找到更多有用的資訊。

6 →**HÔTEL MOLITOR PARIS莫利托飯店**
往昔裝飾藝術風格的游泳池已經變成了豪華飯店，當然，在這裡也可以做瑜伽。
10, avenue de la Porte-Molitor, 75016 Paris
mltr.fr

7 **HÔTEL BRACH布瑞飯店**
在地勢高處觀察入侵者。飯店前身是郵局，由Philippe Starck重新設計，成功吸引遊客入住。飯店的屋頂酒吧有如美夢成真。
1-7, rue Jean Richepin, 75016 Paris
01 44 30 10 00
brachparis.fr

登高望遠，進入彷彿叢林木屋的屋頂酒吧與年輕黃金富二代小酌一杯。或者在法國國家廣播電臺會堂二樓的酒吧Le Belair與頂尖音樂人擦肩而過，這裡有一個小型舞池，可以看到塞納河岸區的壯觀景色。

8 →**AUTEUIL BRASSERIE奧特依小酒館**
78, rue d'Auteuil, 75016 Paris
auteuil-brasserie.com

9 →**LE BELAIR樂貝雷酒吧**
在電臺節目休息後，開放至凌晨2點。
116, avenue du Président-Kennedy,
75016 Paris, maisondelaradio.fr

10 **CHAUSSÉE DE LA MUETTE啞巴堤道**
來場「Thé Bavard」（健談茶會）！在歷史悠久的Yamazaki品嚐全巴黎最美味的泡芙。或是在裝潢氣派的Rotonde de la Muette小酒館裡欣賞皮草美女穿梭飛舞，由知名的二人組

Roman Williams，負責重新規劃設計，他們也銜命改造紐約Ace Hotel及The Standard。

→**YAMAZAKI山崎甜點**
6, chaussée de la Muette, 75016 Paris

→**ROTONDE DE LA MUETTE啞巴圓形廳**
12, chaussée de la Muette, 75016 Paris
01 45 24 45 45
rotondemuette. paris

十六區以外……

11 **PLAINE MONCEAU蒙梭平原**
十九世紀末猶太布爾喬亞最喜愛的街區。尼辛德卡蒙多博物館（Nissim de Camondo Museum）是一座宏偉的私人宅邸，建於1911年，靈感來自凡爾賽宮的小特里亞儂宮（Petit Trianon），收藏了十八世紀銀行家卡蒙多（Moïse de Camondo）的珍藏，他的家族在集中營被殺害。室內充滿了對法國的愛和第一次世界大戰期間犧牲的愛子的照片，讓人無法不感慨。
63, rue de Monceau, 75008 Paris
lesartsdecoratifs.fr

12 **BOUTIQUE D'ARTISANAT MONASTIQUE 修道士手工藝品店**
來竊取法國修道院的寶藏！蜂擁搶購虔誠修士於祈禱之餘精心釀製的烈酒。或是買一本受十一世紀本篤會隱修修女賓根（Hildegarde de Bingen）啟發的《power food》也不賴。
23, rue des Petits-Champs, 75001 Paris
comptoir-des-abbayes.fr

13 **JARDIN CATHERINE-LABOURÉ 凱薩琳－拉布荷公園**
在本區居民熟悉的綠地上偷得浮生半日閒，這裡保留了昔日果園、菜圃的外觀。人們可以在其廣闊的草坪上不受干擾地野餐和晒太陽，這在巴黎是不太常見的。
夏季天天開放：8 am ~9 pm
免費入場 29, rue de Babylone, 75007 Paris
paris.fr/equipements

14 **À LA MÈRE DE FAMILLE獻給母親**
補充滿滿「鎂」能量，在巴黎最古老的巧克力店可以買到棉花糖、糖漬栗子、太妃糖以及其他令人無法抗拒的甜蜜點心。這家不可思議的店鋪自十九世紀初以來一直未曾改變，散發著「美好年代」的巴黎氣息。
35, rue du Faubourg-Montmartre, 75009 Paris
lameredefamille.com

復古布喬的祕密

時尚優雅的機密計畫

15 MAISON RÉDEMPTORISTE贖世主修會工坊
主賜真福睡個好覺，在巴黎的一個修道院！比airbnb那些北歐風格時尚民宿更時髦，也更實惠。地點幽靜，接待熱絡，提供漂亮的客房與套房，兩個人的費用不到九十歐元。
170, boulevard du Montparnasse, 75014 Paris
paris.catholique.fr/Hebergements-courts-sejours-et.html

16 MERCERIE MADELAINE瑪德蓮手工藝品店
位於巴黎七區。喜愛刺繡、針織、縫紉或DIY的人都能在此各取所需：緞帶、蕾絲、設計師鈕扣、精梳羊毛線以及閃閃發亮的超級時尚燙熨貼，商品與價格都非常引人入勝，讓你想要把羊毛襪裡的私房錢都用光。（譯註：不信任銀行的法國人會在羊毛襪裡藏現金。）
14, rue Cler, 75007 Paris

17 GÉRARD MULOT傑哈米洛
靠近聖敘爾比斯（Saint-Sulpice）廣場的美味甜點鋪，常客都會在此排隊購買可口的布里歐許麵包（brioche）、好吃到寧願犯貪食之罪下地獄的法式焦糖杏仁餅（florentins）以及草莓蛋糕（fraisiers）。
76, rue de Seine, 75006 Paris

18 LASTRE SANS APOSTROPHE差一撇就是星辰
無賴地大吃一頓，狼吞虎嚥美味出色酥皮肉醬（pâté en croute）。在這家擁有法國與世界冠軍榮耀的年輕店鋪，酥皮肉醬這款經典的布爾喬亞外帶熟食切成片之後，其紋路猶如抽象畫一般。懷舊豬肉熟食製品成功獲得平反並令人食指大動。
188, rue de Grenelle, 75007 Paris

19 DUVELLEROY杜維樂華
用精美摺扇搧個涼快！這家成立於1827年的品牌讓歐洲所有戴著皇冠的家族提神醒腦。歐珍妮皇后與維多利亞女王是這家店的忠實顧客。後由兩位年輕女性企業家重振品牌，如今已成為巴黎時裝週上，坐在第一排的貴客們不可或缺的搧涼單品。當然，還有那些被巴黎地鐵熱氣悶壞的年輕都會女郎們。
17, rue Amélie, 75007 Paris

20 JARDIN DU RANELAGH蘭尼拉公園
與孩子一起欣賞木偶劇，重返青春。經過我們兩個世代的認證，蘭尼拉公園裡的木偶劇團是全巴黎最優秀的！如果你來這裡，也別忘了欣賞十九世紀的木製旋轉木馬。蘭尼拉公園於1860年才對外開放，適合全家一起散步，能暢行無阻一路通往布洛涅森林（bois de Boulogn）。
1, avenue Prudhon, 75016 Paris

21 CABINET DE CURIOSITÉS DU BARON SALOMON DE ROTHSCHILD羅斯柴爾德男爵骨董鋪
在這奢華的古玩室裡，充滿了玉石、瓷器、武器、微型藝術品、雕像。首建於1860年，後由男爵的遺孀安置於蒙梭平原（Plaine Monceau），參觀必須預約，飽覽充滿哥多華（Cordoue）皮革、彩繪玻璃與壁毯的豪宅，保證你忍不住自詡為十九世紀的收藏家。
11, rue Berryer, 75008 Paris
Réservations au 01 71 93 75 55
hotelsalomonderothschild.com

優雅貴族不藏私網站

好用的線上商店網址，
足不出戶也能重溫經典商品的美好。

DELPHINE DELAFON 黛爾芬・德拉鳳

1970年代的標誌性水桶包重出江湖，還有數不盡的顏色可供量身訂做，能在工坊或網路上直接訂製。出色的黛爾芬・德拉鳳為了替自己縫製夢想中的包款，才投入品牌創作的冒險。產品系列自此也更形豐富，創業初期的款式也有其他完美的搭配。

delphinedelafon.com

CHATELLES 莎特樂

在經典莫卡辛鞋與無聊的芭蕾平底鞋之間，法蘭索瓦・杜・莎斯特樂（François du Chastel）選擇了淺口便鞋（slippers）作為創業賭注。他設計的第一雙鞋是為了贏得美人心。鞋子成功勢如破竹，愛情不幸鎩羽而歸。那又如何？這位銀行家從此成了淺口便鞋設計師！豹紋、亮皮、單色、金蔥或是無限巧思的客製化，他的淺口便鞋成功勾引了巴黎的乖乖女與淘氣女。

mychatelles.com

GUÊPES ET PAPILLONS 胡蜂與蝴蝶

據説每天梳頭一百次以讓頭髮健康。西西皇后曾説她那令人讚嘆的秀髮就是歸功於這個逐漸被遺忘的日常習慣。這家新開的「復古」店鋪恰好一應俱全，提供漂亮的牛角梳或野豬鬃毛梳，以及時尚女士所需要的各色髮飾用品。全都是手工製作，還能在梳柄上雕刻姓名縮寫或短語傳情。

guepesetpapillons.fr

MAISON F F工坊

如何擁有布紐爾（Buñuel）電影《中產階級拘謹的魅力》（*Le Charme discret de la bourgeoisie*）中女主角的性感？很簡單！在罩衫加上貓咪蝴蝶結（lavallière）。MAISON F領帶設計師提供將近八十種蝴蝶結、領帶、阿斯科特領巾（ascot）……讓你翹首引領均能魅力非凡。

maisonf.com

LE BOURGEOIS VINTAGE EN VILLÉGIATURE

復古布爾喬亞度假去

目的地：布列塔尼（La Bretagne）！

　　布列塔尼海岸仍然是復古布爾喬亞歷史性的夏日據點。在生氣勃勃的地帶度個健康的運動假期是他們的理想，即使這個多雨的地區實際上會讓他們暴怒。布列塔尼夏天的海水溫度通常會讓法國其他地區的人冷笑。不過冷嘲熱諷對復古布爾喬亞來說不痛不癢，他們在水溫十八度時就能下水，還狂喜讚嘆著：「水溫太棒了！」他們喜歡把布列塔尼的海岸（通常名字的結尾不是「ec」就是「ech」）稱為「法國的馬爾地夫」。這倒有幾分真實性：至少在某些海灘的顏色和崇高的孤獨方面是如此！在這些海灘上，女人的一件式泳裝，以及用來包裹潛水之後凍到發紫的毛巾式浴袍是不可少的。穿著潛水衣下水則反而會被視為做作。為了讓你的「布列塔尼體驗」更為完美，讓你每一次在風吹小徑、岬角或峭壁美妙散步結束之後能重振精神，你需要：

MAD'MOISELLE BREIZH布列茲姑娘

在2017年的比賽中奪魁之後，為了大啖法國第一可麗餅的顧客就蜂擁而至，讓這個家庭式可麗餅店成為眾人朝聖之地。經典的「總匯」（complète）是參賽奪冠的蕎麥可麗餅，而加了肥鵝肝「布列茲漢堡」（Breizh Burger）更讓所有煎餅迷趨之若鶩。

需預約

5, rue Charles-de-Gaulle, 29630 Plougasnou
02 98 79 92 25

GRAND HÔTEL DES BAINS德班斯大飯店

富麗堂皇的海邊建築，電影《海灘飯店》（L'Hôtel de la Plage，描述1970年代末期貪圖享樂的中產階級於8月去度假的風俗）的拍攝之地，除了「下海」這種讓人打冷顫的「so frenchy」文化洗禮，我們也可以享受室內恆溫海水游泳池。當四周的水如此涼爽之際，倒未必是奢華的體驗。

15, rue de l'Église, 29241 Locquirec
02 98 67 41 02
grand-hotel-des-bains.com

OSTRÉICULTEUR STAR DU CRU濱海生蠔

從杜維樂（Dourveil）或克希東（Kersidan）海灘回程的路上，一定要在知名蠔農處停下來喝杯餐前酒，品嚐新鮮的凹殼生蠔及張牙舞爪的小龍蝦。觀賞亞維（Aven）絕佳視野不須另外收費，即使收費也不意外！

16, chemin des Vieux-Fours, Kerdruc, 29920 Névez
02 98 06 62 60

LA CHÂTAIGNERAIE栗園

參觀過內韋（Névez）這個比較內陸的超級布列塔尼風格小鎮之後，很適合在栗園突出的露臺上歇息，就在曼尼克港（Port-Manech）的海灘小木屋上方，很有《淘氣尼古拉》故事中的氛圍。當然還有以七種穀類釀製的SANT ERWANN布列塔尼啤酒——在港口小酌啤酒可是一項備受讚賞的在地運動呢！

16, rue de la Plage, 29920 Névez
02 98 06 64 15

LOSTMARC'H羅絲瑪克

有「海洋調香師」之稱，宛若美人魚使用的香水。內行人來此購買玫瑰、薰衣草或馬鞭草芳香的身體乳，以汲取自墨西哥灣流的純淨海水以及當地採獲的天然海洋活性成分製造。

8, rue Sainte-Marguerite, 35400 Saint-Malo
02 99 40 62 50

LE PETIT HÔTEL DU GRAND LARGE公海小飯店

在不安裝電視的六個客房裡，是所謂「原始海岸線」上，唯一直接面向海洋的飯店。能居高臨下俯視海洋，遠離度假人潮。飯店附設餐廳提供精緻的生猛海鮮料理；光是為了用餐就值得專程前往。

11, quai Saint-Ivy, 56510 Saint-Pierre-Quiberon
02 97 30 91 61
lepetithoteldugrandlarge.fr

ATELIER VALÉRIE LE ROUX陶器工作室

來布列塔尼必買的伴手禮，就是有藍色耳朵的白色陶碗，碗邊寫著「Eugène」或「Germaine」等名字。更為生動的伴手禮是帶有彩色魚圖案的瓶子和盤子，來自這個在法國家居裝飾雜誌上開始聲名大噪的品牌。

4, rue Duguay-Trouin, 29900 Concarneau
02 98 50 82 13

FONDS HÉLÈNE ET EDOUARD LECLERC
當代藝術基金會

前身為嘉布遣修道院（couvent de Capucins）的當代藝術基金會，每年夏天都會舉辦一場向代表性藝術家致敬的大型展覽。來看一些老石頭（當然也很好看）之外的事物，大型連鎖超市的孫兒輩終於重拾美德了。

Rue de la Fontaine-Blanche, 29800 Landerneau
02 29 62 47 78
fonds-culturel-leclerc.fr

現代布爾喬亞

LES
BOURGEOIS
MODERNES

ÊTES-VOUS 您自認為是……

UN PEU,

BEAUCOUP,

PASSIONNÉMENT,

À LA FOLIE,

PAS DU TOUT...

有一點、還可以、我就是、
超級是、完全不是……

BOURGEOIS MODERNE
現代布爾喬亞嗎？

法國佬，幹得好！ ZE FRENCH DO IT BETTER

QUIZZ 快問快答

● 你在La Grande Epicerie de Paris的精品超市購買智利進口的礦泉水。● 你知道ISABEL MARANT品牌裡所有短靴的名字。● 你迫切需要「數位勒戒」，遠離電子設備！● 令堂不知道什麼是「baristo」（咖啡師），但你知道。● 你一定會買黛芬・德薇岡（Delphine de Vigan）的最新小說。● 你不一定會讀黛芬・德薇岡的最新小說。● 時尚概念店Colette歇業的時候，你著實憂鬱了一陣子。● 你家的青少年剛開始接觸1990年代的伊天・達荷（Étienne Daho）音樂。● 法國的費拉角（Cap Ferret）比美國的漢普頓酷多了！● 你家良人的四角內褲都是法國貨。● 你耳朵後面有老么名字的刺青。● 你認養了一棵樹腳會長松露的橡樹。● 你已接手祖母家全套的Vallauris復古陶瓷餐具。● 你喝古巴調酒mojito，絕非盲從，而是因為好喝。● 你愛上衝浪教練。

➔ 你勾選了6到10項。你若非與生俱來就是現代布爾喬亞，就是後天完全接受自己是現代布爾喬亞。這個章節仍然能教你一些摯愛家族的兩、三事。

➔ 你勾選了3到6項。現代布爾喬亞對你來說仍然充滿神祕感嗎？所以要多了解他們，他們也值得你了解！

➔ 你勾選了不到2項。太好了！你將知道這個族群的所有私藏口袋名單，以及所有討喜又特別的怪癖或瘋狂愛好。

UN PEU D'HISTOIRE 來點小歷史

«C'est plus facile pour un bon ouvrier de devenir un bon bourgeois que pour un bon bourgeois de devenir un bon ouvrier.»

Georges Wolinski

「從出色的工人成為出色的布爾喬亞很容易，反之則不然。」

——喬治·沃林斯基 （Georges Wolinski）

現代布爾喬亞得為下列這些事情負責：巴黎東區的租金大幅上漲，吃任何東西都撒上鹽之花，與甜點一樣可口的甜點師，以及天價般的羽絨喀什米爾毛衣空前流行。

雖然現代布爾喬亞是復古布爾喬亞的表親，但他們假裝不承認這段家族淵源，並宣稱他們的生活風格沒那麼拘謹，即使這雙親關係的決裂主要在於文化上，而非物質型態。擺脫復古布爾喬亞因循守舊的行事風格，現代布爾喬亞向世界敞開心胸，在生活風格之中納入幾許異於以往的異國情調。例如布拉塔乳酪（Buratta）出現在法國家庭餐桌，就是他們的功勞。這種開放的心胸當然不會影響其他傳統習俗，至少是平分秋色的。

　　現代布爾喬亞是喝「概念潮店」奶水長大的「Colette世代」，總是走在時尚潮流之前；在當前時尚淪為大眾流行之前，他們早已轉戰下一個時尚。他們喜歡所謂的「法國高級」時尚品牌，不一定是奢侈精品，卻絕對昂貴，也完全能相互交換。為了讓造型更添個人色彩，現代布爾喬亞從來不會忘記在衣櫃裡隨手放置適量精心挑選的二手衣物。正是這種著名的「省力時尚」（effortless chic），讓全世界都羨慕法國女人。在十年之間，我們還得感謝現代布爾喬亞讓印著骷髏頭和大麻葉圖案的喀什米爾羊毛針織衫攻城掠地，讓Stan Smith白球鞋無限蔓延，還有120歐元的單色T恤、鵝肝握壽司（或是松露脆片）、以及《路易威登旅遊指南》（*City Guides Vuitton*）系列。對新奇事物貪得無厭，並不會讓現代布爾喬亞失去根本之道：他們力爭讓傳統版長棍麵包列為聯合國教科文組織的世界文化遺產。

　　現代布爾喬亞不再猶豫從事較不正規的職業。女性有時會放棄在傳播公司或平面設計方面等利潤豐厚的工作，轉換跑道從事室內裝修或是精品雜貨店，甚至在時尚的街區開一家果汁吧。至於男性，如果真的可以選擇，他們會很樂意改行涉足男士淺口便鞋或是骨董鐘錶收藏。最年輕一輩的現代布爾喬亞則甘願放棄物質上的安逸生活，奉獻自己商學院多年所學，為人道主義或社會服務，同時繼續在夏天時到爸媽家開趴聚會。這種理想主義是現代布爾喬亞父母希望所繫的客觀教育的結果。他們不想讓自己的孩子承受他們曾經承受的壓力，他們更優先選擇以個人發展為基礎的替代教育機構，如蒙特梭利和華德福教育等。

無懈可擊謬斯

GAINSBOURG甘斯柏
BIRKIN柏金、DOILLON杜
瓦雍與相關人士家族
SOPHIE MARCEAU
蘇菲·瑪索
VANESSA PARADIS
凡妮莎·帕拉迪絲
現代布爾喬亞與她們一起長大的！伊天·達荷或班傑明·比歐雷（Benjamin Biolay）這些現代布爾喬亞的姻親也同樣被寬厚大眾愛屋及烏。

戴頭盔謬斯

DAFT PUNK傻瓜龐克
他們拯救了祖國的音樂榮耀！約翰·藍儂（John Lennon）曾嘲笑說「法國搖滾就像英國葡萄酒」，不過，「French Touch」風格讓整個地球為之起舞。

很矛盾的是，現代布爾喬亞生活的喜悅與充實還包括從小就擁有昂貴的高科技物品。這種揮霍無度會讓復古布爾喬亞氣到發抖。現代布爾喬亞為了讓他們的後代免受高等學院預備班之苦，在自費學習「如何準備出國」之後，就將孩子送到倫敦政治經濟學院或米蘭博科尼大學。

現代布爾喬亞覺得十六區太「陰沉」，真可憐！他們竟然不知道奧特爾（Auteuil）就是新的「南奧」（So-Au，South of Auteuil），聖敍爾比斯（Saint Sulpice）附近則超出預算，所以他們往以前較大眾的工人街區移動。他們與這個街區並沒有實現像社會學家說的那種「同居」（vivre-ensemble）狀況，而是達到「鄰居」（vivre-à-côté）的程度。在法國這個以一成不變著稱的社會，這已經算是相當漂亮的進步了！現代布爾喬亞因而有種自甘墮落卻又捍衛著家族生活方式的奇妙感覺。他們以訂製家具及粉光水泥來讓寬敞的破舊公寓、舊工坊及小工廠煥然一新；他們與年輕設計師、知名餐廳及奢侈品牌比鄰而居，占據了這塊布爾喬亞以前不太涉及的領土。現代布爾喬亞通常是房地產景氣看漲的預知指標。

他們沉迷於Instagram，卻又沒有完全拋棄Facebook，他們很樂意晒出他們去狩獵博物館（Musée de la Chasse）參觀——尤其蘇菲‧卡爾（Sophie Calle）在那裡展出之後；去巴黎愛樂廳聽音樂的晚上或是去參加東京宮年度晚宴餐桌的照片。週六與小歐仁及小法蘭絲娃思（他們不介意這種非常第三帝國風格的名字）一起去路易威登藝術基金會（Fondation Louis Vuitton）參觀的照片也會大量上傳轉發。週三在巴黎裝飾藝術博物館（musée des Arts décoratifs）的工作坊，也擠滿了七歲開始就能分辨馬蒂斯和畢卡索作品有什麼不同的孩子。現代布爾喬亞喜歡路易絲‧布爾喬亞（Louise Bourgeois）、尚－米榭‧巴斯奇亞（Jean-Michel Basquiat）、達米恩‧赫斯特（Damien Hirst）、川俁正（Tadashi Kawamata）、皮埃爾‧蘇拉熱（Pierre Soulages），當然還有非裔攝影師馬利克‧西迪貝（Malick Sidibe）與賽義杜‧凱塔（Seydou Keïta）。現代布爾喬亞會在客廳的茶几上自豪地擺著上次展覽的書！

MIEUX VAUT LE SAVOIR... 不可不知

舉手之勞為你解讀現代布爾喬亞的特殊表達方式

«On vous attend à 20 h 30.»

晚上8點半恭候大駕

絕對不能遵守現代布爾喬亞告知的晚餐時間！也不可以提前五分鐘光臨，如果你堅持一絲不苟地按照指示時間抵達，很可能會打擾到正在換衣服的女主人。有教養的客人會陸續在晚上8點45分及9點15分之間抵達。在這之後才到的話：也是不禮貌的。除非你有明確告知「先開動吧！別等我們！」

«On se fait un petit café»

來喝一小杯咖啡？

「小」，對現代布爾喬亞來說，意味不一而足：「一小杯」是濃烈的餐前酒，「黑色小洋裝」來自某位設計師，逛個「小市場」是採買一週存糧。「一小杯咖啡」往往意味著一群閨密在小酒館裡進行長時間聊天，而且至少會喝三杯濃縮咖啡。

«Surtout venez les mains vides.»

空手來就好

這種親切的否定句當然是口是心非的。沒有任何一個現代布爾喬亞在週末登門拜訪或與朋友聚餐時不帶任何伴手禮。送花（還必須在聚會之前或之後送到主人家，不然大家都不方便）不再是必要的，但是，頂尖設計的小擺飾、精緻的香料雜貨或一本「你會知道為什麼我很喜歡」的書，都是赴宴伴手禮或事後答謝邀請的流行禮物，當然也不能逾矩。否則會讓邀請的一方感到為難。

PLUTÔT MOURIR QU'(E)...

寧死也不

放棄精心設計的苛薄話

不送盧西安去公立幼兒園

扔掉Taxi Girl樂團的黑膠唱片

坦白自己的口袋名單都是從My Little Paris網站看來的

承認自己還是喜歡白色蘭花

錯過一年一度在中庭舉辦的鄰居烤肉大會

購買甚至不是日本風格的白吐司麵包

被當成布波族（bobo）

從Vanessa Bruno的品牌私人特賣名單上被刪除

戴安全帽溜滑板車

承認買了Nutella榛果醬給孩子

承認在巴黎河堤道路封閉的情況下，在巴黎開車簡直是地獄

LA BOURGEOISE MODERNE... AS DE LA DÉCO
現代布爾喬亞：家居裝飾的好手

現代布爾喬亞對於傳承家具沒有什麼慾望，除非他們很幸運，有父母從1960年代就開始收藏北歐風格的梳妝櫃（enfilades）。不幸的是，繼承LIGNE ROSET骨董家具的例子實屬鳳毛麟角！現代布爾喬亞不會跟兄弟姊妹爭奪父母家氾濫成災的胡桃木衣櫃或是桃花心木五斗櫃。不過他們有一項無法自拔的貪婪激情：當代——déco！他們不遺餘力地為伴侶或家人打造相襯的精緻生活。早在1972年，法蘭西共和國的第十九任總統夫人克勞德·龐畢度就強迫將愛麗舍宮（Palais de l'Élysée）的老骨董家具換成Pierre Paulin的作品：啊！還記得暱稱為「舌頭」的傳奇橙色「577 座椅」（siège 577）嗎？近期一點的則是馬宏夫人大刀闊斧改造其夫君的總統辦公室，比起法國國家家具管理館的金碧輝煌家具，她認為Patrick Jouin設計的扶手椅更貼近年輕總統的氣質。現代布爾喬亞不一定有能力入手Bouroullec兄弟（布列塔尼超級巨星，「Végétale」〔蔬適椅〕就是他們奇發異想的作品），卻在專門介紹生活風格的雜誌或網站得到更多適度的靈感啟發。因此Milk Décoration 跟The Socialite Family 是代表法國當代「高尚品味」（灑脫優雅兼具）的兩大天王。來自各界設計寰宇的三、四十歲設計師的作品（工業範疇作品很少入選），充斥現代布爾喬亞的公寓，奇怪的是，這些公寓看起來沒什麼兩樣。幾個月之前，這裡還是狂野茂盛綠色植物的天下，藤製扶手椅上鋪著羊皮，不成套的椅子散亂地擺在大理石餐桌旁，而現在，鴨藍色天鵝絨、抽象圖案壁紙以及插滿野花的佛萊明罎罐（urnes flamandes）開始強勢登場。

明天又會是怎生光景？這種千篇一律

設計師謬斯

PHILIPPE STARCK
菲利普·史塔克
不需要吹捧奉承這位異想天開、馳名全球的設計師，他自己就做得非常好！

「頂（腳）尖」謬斯

MARIE-AGNÈS GILLOT
瑪麗－艾格尼絲·吉約
與星級舞者，也是眾多藝術家與設計師的創作謬斯。她也成為「知名手提包以其命名」的俱樂部一員。

的一致性非但一點也不妨礙現代布爾喬亞，他們反而覺得安心：他們最愛的就是遵守自己族群的審美標準，如此才能感受自己是其中的一分子。在牆上塗上駝色跟深灰色之後，大家就彷彿成為Sarah Lavoine（本名Sarah Poniatowski，法國知名室內設計師）的會員，到處可見「Bleu Sarah Lavoine」（莎拉藍）。1980年代，現代布爾喬亞紛紛購買大名鼎鼎的TSÉ & TSÉ所設計的「vases d'Avril」（四月花器）。到了1990年代，他們下重本投資Philippe Starck的「Romeo Moon」（羅密歐之月）燈具，再過幾年又入手「Louis Ghost」（路易幽靈椅）。到西元2000年時，他們則愛上家居用品店Caravane（露營車）的寬敞亞麻沙發。2014年的現代布爾喬亞大規模地配備了昂貴的鎢絲燈泡（現在任何一家附近的小酒館也都有）。而今天的現代布爾喬亞則在巴黎十區的小攤或諾曼第陶藝店，追尋《ELLE家居》（*Elle Déco*）報導過的空前絕後陶瓷花器。結果都不意外：雖然漂亮非凡，但每個女生朋友家裡都有一個空前絕後的花器，裡面插著一模一樣的海棠花。羅蘭・巴特（Roland Barthes）的後繼者可有得忙了，得研究這些新近發生的日常小傳奇！

現代布爾喬亞的家居裝飾妙招

這些先驅者有與生俱來的混搭天賦，能巧手結合古老物件（他們沒有發瘋，偶爾也會收藏家族的紀念品）與當代的新發明，例如知名的Monoprix（「不二價」的意思）與藝術家的聯名商品。Monoprix這家非常法國的連鎖超市（收購了曾標榜「人人有好貨」但不幸已歇業的Prisunic超市）是個十足的金礦，能以親民的價格將家裡撒滿India Mahdavi（現代布爾喬亞崇拜的另一個設計師）的設計品。搭配柯比意（Le Corbusier）的小馬毛皮LC4躺椅或是巴黎克里昂庫（Clignancourt）跳蚤市場淘來的工藝家具，就極為精采！只要Monoprix與某位知名設計師合作的宣傳活動開跑，絕對有必要衝去逛逛。當代流行的忠實「影印機」：網路商店AM.PM.，也是現代布爾喬亞所有度假小屋的非正式供應商。

私藏口袋網站

ateliersingulier.com
法國專屬的手工與「慢速製造」工藝品。

bensimon.com
同名網球鞋的設計者Serge Bensimon，為「環繞地球」家居館精心挑選的商品。

caravane.fr
優雅民族風與吉普賽風格的總部。

india-mahdavi.com
讓室內重新填滿色彩與歡樂的設計師。非奢侈品，是必要的！

mariongraux.com
女性偏愛的陶瓷藝術正式供應商：移情時尚陶器的完美見證。

milkdecoration.com
家居裝飾的絕對聖經！

monoprix.fr
laredoute.fr
小氣財神的金礦。

sarahlavoine.com
2010年代優雅家居裝飾的主宰。

sentou.fr
當代設計領域最熱門的頂尖之作。

thesocialitefamily.com
最潮流的時尚！不能再高了！

LA LISTE BOMO
現代布喬必買清單

他們有自己一貫的風格，比前面兩個家族更全球化，不過還是有非常法國風格，甚至是巴黎風格的規則與供應商。

① LA SNEAKER DE CRÉATEUR
設計師球鞋

現代布爾喬亞有點厭倦了Stan Smith的白球鞋：這雙球鞋界的燈塔是德國品牌於1964年發行的，但是設計者是法國的網球選手侯貝艾葉（Robert Haillet），所以毫不留情地變心愛上其他更不為人知的設計款球鞋（雖然一樣昂貴，但就是這樣才可貴！）早在十九世紀就出現的球鞋，原本只為運動之用，但在1970年時被嘻哈風潮影響，逐漸走出運動場與籃球場。1982年時，Run-DMC饒舌嘻哈團體為球鞋寫了一首經典的傳奇歌曲〈My Adidas〉，也因而有幸與該品牌簽了一份天價契約，對「市井小民」來說可是空前之舉！Nike在Air Jordan球鞋款神乎其神的熱賣之後，於1990年代推出了一系列的限量款。不過，球鞋從街頭走向時裝伸展臺，再成為柏油路面的常客，還需要幾十年的時間續讓眾多饒舌歌曲推波助瀾。

代表性品牌：PIERRE HARDY皮埃爾‧哈迪

Pierre Hardy偶然無心插柳成為鞋子設計師。他在平面藝術學習結束後從事教職，後透過朋友引薦加入馳名的DIOR陣容，負責商品授權。他於1999年推出自己的鞋子品牌，以建築學與幾何風格的設計一鳴驚人。

pierrehardy.com

 明星商品
2008年的極品「Colorama」球鞋。這款多彩的高筒中性球鞋已多次推出，成為收藏家的珍品。而後來的「Trek Comet」及「Slider」板鞋也相繼告捷。

② *LE LINGE EN LIN LAVÉ*
淺色亞麻布料

亞麻的歷史極為悠久。最早來自法老埃及，法國法蘭德地區（Flandres）生產的亞麻已經讓凱撒大帝目瞪口呆。法國北部曾有很長一段時間是全世界亞麻的首要生產國，亞麻的種植、紡織以及各種讓亞麻加工更為快速的發明也讓法國北部榮耀一時。而後，棉布興起，接著是合成纖維，都很明顯地大量取代了亞麻在服裝部門的地位。亞麻布歷經多年慘澹歲月，在中產階級一如既往地效法現代布爾喬亞，採用亞麻布作為家居布料之後，才讓亞麻布恢復往日光彩。帶點陳舊色澤的淺色亞麻桌布或被單已經成為當代裝飾的標配。陳舊的藍色、蒼白的鐵鏽色、暗灰色、粉紅色，這些溫柔的色調很有誘惑力。亞麻布不須熨燙的特性也完美符合現代布爾喬亞「不費吹灰之力」，實際上卻用盡全力的現代時尚！

代表性品牌：SUMMER CAMP夏令營

雖然名稱聽起來很有美國緬因州及其湖泊的意味，但它百分百是法國里爾的品牌。由一對充滿熱情的年輕夫妻，樂費芙爾（Lefebvre），於2011年創立。他們繼承了家族的亞麻傳統，在當地種植與紡織，但更符合新式的休閒與揉皺時尚。不僅比起巴黎的明星品牌明顯便宜許多，也明顯比那些快速時尚裝飾品牌的產品更柔軟！它的線上商店與磚牆構建的兩間實體店鋪都是聰明的現代布爾喬亞不外傳的最高機密。

summercamp-home.com

明星商品
鴨藍色的被套，至少在未來十年之內仍然會是現代布爾喬亞最喜愛的顏色。

③ LE JEAN BRUT 簡約牛仔褲

聖羅蘭可能會說：「我唯一的遺憾，就是沒有發明牛仔褲。」靛藍牛仔褲，前身是李維‧史特勞斯（Levi Strauss）以「熱那亞藍色」帳篷帆布為淘金者設計的褲子，於1950年代成為叛逆者的獨特標誌。原本是慣於粗重工作者而非花花公子用來誘惑的褲子，馬龍‧白蘭度（Marlon Brando）、詹姆士‧狄恩（James Dean）及貓王一裹在曲線畢露的身上，立即成了全球渴望自我解放的年輕人的偶像。由於美國丹寧布的產量供不應求，工廠於是配備現代化機器，並出售老舊織布機，主要都賣給了日本的工廠。但是新的牛仔褲既輕又軟，不太耐穿──總之就是跟以前不一樣！整個1980年代，純粹主義者都在追尋僅存的最後幾批501款「赤耳」（Selvedge）牛仔褲，老式緊密編織，內側布邊縫線為紅色是主要識別特徵。法國年輕人熱愛這款牛仔褲，想盡辦法在紐約搜刮存貨，儘管有些海關會鉅細靡遺地檢查行李，他們還是會在海關眼皮底下偷偷帶回法國。501赤耳牛仔褲的神話也因此不脛而走！

代表性品牌：A.P.C創作與製作工坊

A.P.C.簡約牛仔褲的問世幾乎是出於偶然！1987年，當時未來的品牌創始人尚‧托依圖（Jean Touitou）造訪巴塞隆納時，行李不見了！他只好去當地街上買一條牛仔褲跟幾件衣服應急。但是他找到的衣服都讓他更為沮喪，竟然連一條沒有水洗褪色或是不鬆垮寬大的牛仔褲都沒有！對於一個迷戀史提夫‧麥昆（Steve McQueen）的人，卻只有男孩團體風格的牛仔褲可以選。當他向一位朋友提起這段不幸的遭遇後，這位朋友送給他一卷以老舊美國機器織造的日本丹寧布。從此開啟了他與貝原丹寧布廠（Kaihara Denim）的A.P.C.冒險，貝原丹寧布廠至今仍為A.P.C.品牌開發赤耳丹寧布。A.P.C.於1987年推出了窄管直筒的男士牛仔褲，與當年的潮流背道而馳。
apc.fr

 明星商品

品牌最早推出的款式「Petit Standard」小直筒牛仔褲，其剪裁多年來沒什麼變化。男女咸宜的中性設計，已經成為A.P.C.的經典款。而且A.P.C.還會購回被顧客穿舊褪色的牛仔褲，再增添幾許特有設計，然後轉手賣出！

④ LE T-SHIRT À MESSAGE 表態T恤

不管是炫示搖滾態度、熱愛自然、婦女解放運動或是高調的慈悲為懷，胸前寫著字句的T恤已然成為經典。能讓人展現一點內心的自我，卻又不用承擔重大風險。我們可以看到現代布爾喬亞在這幾年大量的炫耀貓王言語、自負的「We should all be feminists」（我們都應當是女權主義者）──謝謝DIOR，還有一拖拉庫族繁不及備載的「Happy」或「Hello Sunshine」。最新的高尚流行趨勢則相當法式復古情懷，例如以下的嘶喊宣言T恤，缺貨司空見慣：親切的「Merci Simone」（Simone Veil，猶太女權鬥士）以及著名款式「La Boum, la Boum, la Boum」（舞會，舞會，舞會）。這些參考自1980年代法國經典「青春期電影」的字句仍然持續凝聚世代人心。

代表性品牌：ZADIG & VOLTAIRE
薩迪格&伏爾泰

由堤耶希‧居立葉（Thierry Gillier）於1977年創辦的品牌，是法國六角形國土內的企業成功故事，最早以休閒搖滾風格的喀什米爾毛衣打響名號，讓現代布爾喬亞無法無動於衷。不管是真的喜歡（這個情況下，會暱稱品牌為ZADIG），還是覺得它的辨識度太高（現代布爾喬亞永恆的困境），這個品牌總而言之自詡為帶「一點」叛逆風格的酷帥指標。政治家勒費弗爾在2011年的糗事至今仍讓法國人笑翻天──有人問他的床頭書是哪一本時，他竟回答：「Zadig & Voltaire。」
zadig-et-voltaire.com

明星商品
精美棉質長袖突尼斯罩衫（le tunisien）柔軟觸感獲得一致好評。俊男美女都愛不釋手。訊息會成為過去，舒適則與你常在。

⑤ LA HI-FI SUPER DE LUXE
精品音響組合

現代布爾喬亞一直都很喜歡用最新款的設備來欣賞音樂，不管是聽薩夏·迪斯特（Sacha Distel）的爵士吉他或是「英雄聯盟」2019世界賽主題曲〈Phoenix〉，也無論是什麼年代的音樂，「音質」對他們來說才意義非凡。可喜可賀的是，他們都有能力也有慾望投資最新的音響設備，也就是取代了昔日平臺式鋼琴的科技新玩意兒，以此來顯示音樂的頂尖複雜性。由於他們已經幫智慧型手機配備過多攜帶式的迷你揚聲器，所以不得不發展新的玩樂空間：猶如概念式雕塑的美麗端莊物品。

代表性品牌：DEVIALET帝瓦雷

由三位好朋友於2007年攜手打造的新創公司，品牌名稱是為了向思想家狄德羅（Denis Diderot）的工程師夥伴以及啟蒙時代百科全書的贊助人紀堯姆·維亞雷（Guillaume Vialet）致敬。多酷啊！簡單地說，品牌一心打造世上最美好的音質。幽浮白或銀色的無線揚聲器，均是千裡挑一的設計，能帶來全然「獨特的感官體驗」。不管是真是假，DEVIALET精明的超尖端科技與美學定位，吸引了最富裕的現代布爾喬亞族群（揚聲器價格自2950歐元起跳），也讓品牌初嘗成功的喜悅。明星產品「Phantom」（魅影）甚至也是Apple專賣店推薦的商品，就足以說明它的魅力了。

devialet.com

 明星商品

以純金鍍造的「Gold Phantom」（黃金魅影）巴黎歌劇院版揚聲器。價格極為高昂，買不起的話，至少可以去嘉尼葉歌劇院（Opéra Garnier）為它設置的絕美專屬空間裡體驗一下音響效果。幸福的買家則能在線上享受演奏會。

⑥ LE MAILLOT DE BAIN GLAMOUR
魅惑泳裝

1946年，是日天氣晴朗，但是在巴黎美憬閣（Molitor）游泳池畔，沒有任何一位模特兒願意套上汽車工程師路易斯・雷德（Louis Réard）發明的泳裝。只有一位比較不怯場的裸體舞者願意配合。泳裝發明者將泳裝取名為比基尼，就是美國人進行核試爆的小環礁島的名字。比基尼泳裝有很長一段時間被禁止出現在海灘（除了西班牙，也因而吸引了觀光客），後來由青春洋溢的碧姬・芭杜在1953年的坎城影展穿著亮相之後，也越來越廣為流行，並成為古銅色與自由解放的身體盟友，至今無人能覷覦其寶座。

代表性品牌：ERES

於1968年甫結束學運抗爭的巴黎上市，ERES察覺了局勢的變化。音樂劇《毛髮》（Hair）在百老匯引起軒然大波，第一屆流行音樂節在懷特島（île de Wight）舉行，女孩們發現了迷你裙及緊身褲襪，而同時莫里斯・雪佛萊（Maurice Chevalier）告別了舞臺。

帶有鋼絲細條，僵硬又不舒服的泳裝時代已經過時了，ERES開發了一款遇到任何形狀都能服貼的彈性布料，能讓泳裝剪裁更美麗，更能完美展現身體曲線。ERES的另一項創新，就是他們的泳裝常年出售。ERES一推出即獲得廣大迴響，1971年開始分開販售比基尼泳衣的上著與下著，讓消費者能配合自己的身材選擇更適合的尺寸，這個革命性的策略更讓銷售維持長紅。現代布爾喬亞都是ERES達人，在海灘上一眼看到擦身而過的ERES泳裝，就能知道是哪一年的款式！

eresparis.com

明星商品
品牌的絕對標記，U形搭扣無肩帶比基尼，皺褶與巧妙分開雙峰的U形設計能集中托高小胸部，也能極其出色地支撐所有其他尺寸的胸部。

LE BOMO GOURMAND
現代布爾喬亞美食家

扮演業餘調酒師並為朋友特調雞尾酒，完全是充滿玩興與好奇心的現代布爾喬亞會做的事。不過他們還是有點附庸風雅，所以只喜歡為以前相當普遍而現今被遺忘的懷舊酒類平反，並以它們來發明「原創調酒」。皮康酒（Picon）、加斯科涅弗洛克（Floc-de-gascogne）、麗葉酒（Lillet）、比爾開胃酒（Byrrh）或夏特斯蕁麻酒（Chartreuse）都是他們的寵兒。如果想要更經典的成分，他們則偏好弄來「法國製造」的伏特加，例如「la Citadelle」或是巴黎蒸餾的琴酒，例如「Lord Barbès」，這些產品近年來遍地開花，與調酒同時攻占巴黎的大小酒吧。

「Spritz」開胃雞尾酒對追求時髦的潮人來說已經太過浮濫，現代布爾喬亞因而喜歡「Suze」這款以黃龍膽製成的利口酒，苦韻當中帶有隱隱一絲黑加侖的芳香，也曾讓布爾喬亞的曾祖父龍心大悅。

LE COCKTAIL À LA SUZE
SUZE雞尾酒：
現代布喬的食譜

作法：
❶ 在一個大的球形杯或威士忌杯裡，注入1.5ml桃子糖漿、3ml Suze利口酒、1.5ml琴酒；
❷ 攪拌三圈；
❸ 將杯子填滿冰塊；
❹ 加入氣泡水或通寧水，一點點，一半或是加滿都可以，視個人喜好；
❺ 插入一小枝迷迭香；
❻ 暢飲並發出狂喜的讚嘆。

新雞尾酒社會的三個崇高去處

CRAVAN卡梵
坐落在新藝術風格傑作中，調酒師極有才華，也是巴黎最性感的調酒師之一。
17, rue Jean-de-la-Fontaine, 75016 Paris

COMBAT戰鬥
綠色小客廳風格的漂亮酒吧，由兩位具有奔放創意及迷人魅力的女人掌管的地盤。無酒精雞尾酒mocktails也是品質保證。
68, rue de Belleville, 75019 Paris

BALAGAN巴拉岡
位於巴黎最夯的餐廳裡，能在桌裡行間（甚至桌子上）跳舞：氣氛熱烈，帥哥美女如雲，菜單也很精采。
9, rue d'Alger, 75001 Paris

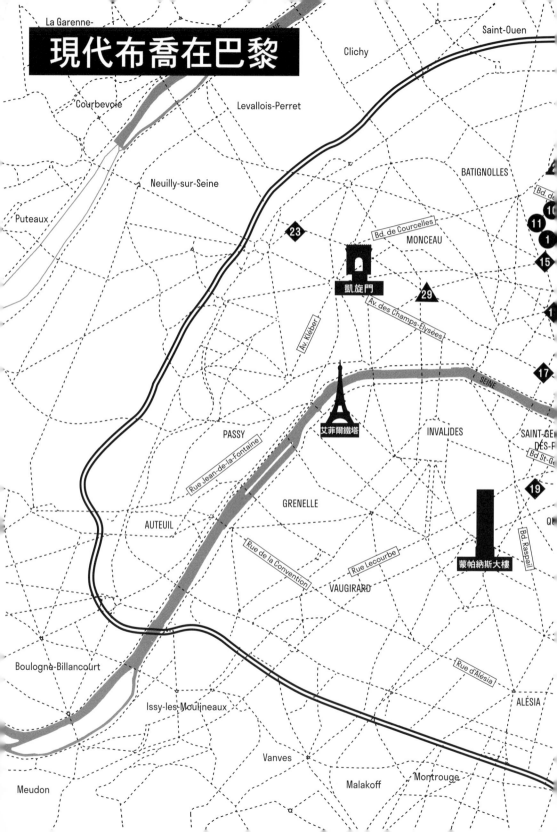

現代布喬在巴黎

La Garenne-

Clichy

Saint-Ouen

Courbevoie

Levallois-Perret

BATIGNOLLES

Bd. de

Neuilly-sur-Seine

10

Puteaux

11

23

Bd. de Courcelles

MONCEAU

15

凱旋門

29

Av. des Champs-Élysées

1

Av. Kléber

SEINE

17

艾菲爾鐵塔

INVALIDES

SAINT-GE

DES-F

PASSY

Bd St-G

Rue Jean-de-la-Fontaine

19

GRENELLE

AUTEUIL

Q

Bd. Raspail

Rue de la Convention

Rue Lecourbe

蒙帕納斯大樓

VAUGIRARD

Boulogne-Billancourt

Rue d'Alésia

Issy-les-Moulineaux

ALÉSIA

Montrouge

Meudon

Vanves

Malakoff

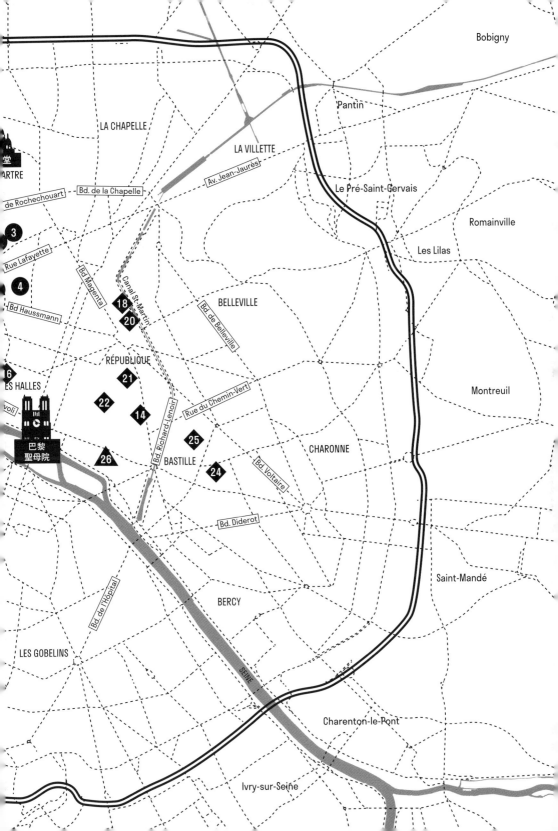

現代布爾喬亞的起源地

現代布爾喬亞從1980年代開始遷往較平民的地區，並逐漸征服巴黎的東北部。攝影工作室、廣告代理商或是記者們率先將工匠的宏偉工作坊改造成超級上鏡的挑高居室。而就在巴黎第九區一處靜謐如畫的地方，最近有新一代的現代布爾喬亞帶著嬰兒車與購物袋在此落戶。他們避開了太嘈雜的嘉尼葉歌劇院周邊、格蘭大道（Grands Boulevards）以及昂坦大街（Chaussée-d'Antin），醉心於徒丹大道（avenue Trudaine）、新雅典區以及聖喬治（Saint-Georges）區島狀住宅群的魅力。新雅典區在十九世紀曾榮耀一時，直到1920年蒙帕納斯地區崛起之後，此區才趨於沒落。在這個前身是果園的小天堂裡，藝術家、風塵女或富有的布爾喬亞共享工作坊、花園洋房以及豪華建築。劇院、歌舞夜總會及劇場一直是這個街區的活力所在，這裡已成為家庭聚居地，但仍保有吃喝玩樂的風格！1787年時，殉道者街（rue des Martyrs）上的四十八棟房子裡已經有二十五家客棧及可供跳舞的小餐廳！所以鈀金巴士（Bus Palladium）、洛特勒克（Lautrec）、孟薩爾（Mansart）、新夏娃（Nouvelle Ève）或卡門（Carmen）等舞廳都依循傳統，向夜貓子們敞開大門。

舉個例：

1 MUSÉE DE LA VIE ROMANTIQUE 浪漫主義生活博物館

被小公園包圍的私人豪宅，是典型波旁王朝復辟時期的建築，曾是畫家阿里‧謝弗（Ary Scheffer）的居所。可以在此閒晃，遙想蕭邦為情人喬治桑彈奏鋼琴的風采。這個迷人可愛的博物館即是為了喬治桑設立的。
Hôtel Scheffer-Renan
16, rue Chaptal, 75009 Paris
museevieromantique.paris.fr

現代布喬的新動線

長期以來，以不知檢點的浪蕩女子而聞名的巴黎第九區，隱藏著建築的珍寶，還有超級羅曼蒂克的散步路線以及眾多新潮的地點，是現代布爾喬亞最後的據點！

2 AVENUE FROCHOT 佛修大道

十九世紀的迷人胡同，吸引了眾多藝術家，例如金格‧萊恩哈特（Django Reinhardt）、土魯斯－羅特列克（Henri de Toulouse-Lautrec）或雷諾瓦（Jean Renoir）。位於門牌一號的哥德復興式豪宅自從發生過駭人聽聞的案件之後就傳說鬧鬼。想參觀的話，向居民諂媚一番請他按一下大門密碼就行了！

3 CITÉ NAPOLÉON 拿破崙住宅區

出自拿破崙三世的好意，為巴黎工人建造的少數住宅之一，這裡是為孔多塞街（rue Condorcet）煤氣廠的員工而建。

4 CITÉ BERGÈRE 牧羊人住宅區

新古典主義風格的寧靜通道，被列入法國歷史遺跡清冊（Inventaire des Monuments historiques）。普魯斯特的母親家族與威爾（Weil）瓷器的製造商曾在此居住多年。

5 PASSAGE JOUFFROY 茹弗魯瓦廊街

建於1847年，連結格蘭大道（Grands Boulevards）與格宏橘貝特里耶街（rue de la Grange-Batelière）。是巴黎最長而且有屋頂的散步道。
unjourdeplusaparis.com
parisontheway.fr

6 CARMEN卡門

是酒吧也是夜總會，從下午六點營業至凌晨六點，曾是比才（Georges Bizet）的私人宅邸。酒單上有超過四十種以自釀琴酒為基底的調酒。

34, rue Duperré, 75009 Paris

le-carmen.fr

7 HÔTEL DES VENTES DE DROUOT德魯奧拍賣中心

在這裡光看著競標寶物就是一種幸福。當然也可以試圖占有，只要向拍賣估價師悄悄地使個眼色。

drouot.com

8 LE MUSÉE EN HERBE兒童培育博物館

這裡專門為5~12歲的兒童舉辦講習與展覽。而家長們則可以享受藝術開胃酒（Art'Péro，參觀博物館跟喝一杯）——啊！法國人總是能找到任何理由喝一杯！

23, rue de l'Arbre-Sec, 75001 Paris

01 40 67 97 66

museeenherbe.com

來南皮加勒區（South Pigalle，簡稱SOPI）逛街吃小吃。

9 RUE CONDORCET孔多塞街

45號→MAMICHE瑪蜜煦：非常文藝的時髦麵包店，常客對於鹹奶油巧克力細繩麵包（ficelle）完全無法招架。法國人常以「殺戮」（tuerie）來形容美食，真的一點都不誇張。

mamiche.fr

57號→RÉTRO CHIC時尚復古：掌店的青年才俊對於復古女性配件的來源要求非常嚴格，經常在聖羅蘭左岸（Saint Laurent Rive Gauche）以及艾曼紐卡恩（Emmanuelle Khan）挖寶。

Renseignements au 06 17 93 03 64

65號→PHILIPPE MODEL MAISON菲力普摩岱家居館：這位在巴黎家喻戶曉的唯美主義者在他的奇珍藝品店蒐藏了法國陶藝家的傑作：康白尼（Compiègne）與貝桑松（Besançon）的粗陶，或南特的紅黏土；前所未有的酒杯與酒罐在層架上一字排開甚為壯觀。

philippemodelmaison.com

10 RUE FROCHOT佛修路

9號→LE PIGALLE 皮加勒：在人山人海的巴黎風味裝潢中吃個早餐或喝一杯，位於別緻卻很符合當地特色的建物一樓。

lepigalle.paris

11 RUE HENRY-MONNIER昂西莫尼耶街

28號→BUVETTE小飯店：美法混血的「美食薈萃」餐館喜愛創意小菜及平易近人的葡萄酒。週末在店內銀色天花板線腳下享用的早午餐深受歡迎。

ilovebuvette.com

30號→DEBEAULIEU德波柳：上流社會的明星花店，純然令人著迷，各種不知芳名的花卉與法國風情美女互相輝映。帶幾枝天藍色的翠雀草（delphiniums）回家幾乎是分內之事。

debeaulieu-paris.com

也是30號→HEADLESS ST DENIS無頭聖丹尼：在此尋覓由端莊迷人的設計師為你量身客製的二手衣，價格超級合理。復古風格的珠寶也同樣極具吸引力。

Renseignements au 06 68 86 23 00

12 RUE VICTOR-MASSÉ維克多瑪瑟街

3號→VESTIAIRE GÉNÉRAL綜合衣帽間：位於巴黎最具搖滾特色的街道（很多吉他與擴音機專賣店），這家屬於陽剛性質的商店主要呈現法國的專有技術本事。知名的山丘之子（Fils de Butte，諧音fils de pute，狗娘養的）牛仔布工作外套為必敗品。

vestiaire-general.com

30號→L'ENTRÉE DES ARTISTES藝術家的入口：謎樣的門面（原本是女子酒吧），魔樣的調酒——優雅的餐廳週末還有爵士舞蹈。

lentreedesartistespigalle.com

L'APRÈS-COLETTE ET SES HÉRITIERS NATURELS
Colette熄燈後與其自然繼承人

　　全世界最赫赫有名的概念店在法國。類型概念店的發明者Colette在2017年底結束營業，過去二十年當中，它始終秉持良好與忠誠的服務精神，為時尚發聲，不只將他處難得一見的礦泉水放上檯面，也致力發掘時尚界的青年才俊。Colette首倡看似癡人說夢實則大放異彩的聯名商品合作方案，顛覆傳統商店的販售規則，混搭不同性質商品，有時它自豪的菁英主義令人無法直視。Colette為自覺自願追求時髦的潮人們展開了康莊大道，而其成功也激發了仿效熱潮。

聊以慰藉Colette熄燈後的商店選粹

⑬ NOUS我們
由兩位前Colette的員工開設，順理成章地接過巴黎潮人聖地的火炬。最大特點是將市場領先與新興品牌匯聚一堂，還有與藝術家的獨家聯名合作商品。商品輪流上架的完美策略也能激發消費者的好奇心。
48, rue Cambon, 75001 Paris

⑭ MERCI謝謝
現代布爾喬亞的熱點，一種「賦予日常行為以意義」的精選地點，沒錯！沒錯！他們確實如此！從家居裝飾、時尚衣物都有，還能吃點東西振奮精神，一切都極為酷炫別緻！
111, boulevard Beaumarchais, 75003 Paris
merci-merci.com

SEPT CINQ七五
專為巴黎設計師而開設的概念店，兩位創始人令人聯想到雅克・德米（Jacques Demy）執導的電影《柳媚花嬌》（Les Demoiselles de Rochefort），總是面帶微笑。

⑮ SEPT CINQ – PIGALLE商店與工作室
54, rue Notre-Dame-de-Lorette, 75009 Paris
⑯ SEPT CINQ – CHÂTELET商店與茶沙龍
26, rue Berger, 75001 Paris
建議預約早午餐：
09 83 00 44 01
sept-cinq.com

⑰ LE 107 RIVOLI里沃利街107號
設計師Mathilde Bretillot將來自世界各地的珍稀寶物布置得活靈活現，令人驚豔。收藏品相當美妙，與巴黎裝飾藝術博物館（Musée des Arts décoratifs）的展品相關。看著看著，你就會忘記去參觀巴黎裝飾藝術博物館。
107, rue de Rivoli, 75001 Paris

CENTRE COMMERCIAL商場
可以問心無愧地，而且很開心地盡情消費的地方！一系列品質、美感與永續性兼具的優質商品任君挑選。極其雅致簡樸，可能連復古布爾喬亞都會喜歡！
⑱ 2, rue de Marseille,
75010 Paris
⑲ 9, rue Madame,
75006 Paris

兒童館：
⑳ 22, rue Yves-Toudic, 75010 Paris
centrecommercial.cc

㉑ EMPREINTES印記
第一家高級工藝概念店出現在巴黎的北瑪黑區中心。家具、家居裝飾小物、珠寶及雕刻品都是僅此一件或是數量有限。這裡所有的商品，不管是日常用品或引人入勝的藝術品，都是在法國工匠的工坊用愛製作的（非常現代布爾喬亞）。如果看膩了華麗之物，可以坐下來喝杯咖啡，瀏覽自己剛剛入手的書籍。
5, rue de Picardie, 75003 Paris
01 40 09 53 80
empreintes-paris.com

LA GARÇONNIÈRE單身男居

完全致力於時尚男性生活方式的空間，提供一百二十個男性專屬的品牌。從針織領帶到「巴黎製造」的手工啤酒，還有頂尖的流行衣物及落腮鬍男的美容用品。講究穿著的人在此完全如魚得水。另外還有理髮部跟咖啡座。

47, rue des Archives, 75003 Paris
09 73 68 14 47
la-garconniere.fr

LE BAZARISTAIN巴薩希斯坦

巴黎風格的時尚市集，充滿與眾不同及獨一無二的商品，來自全世界的手工藝品與新銳設計師作品在此愉快地共處一室。

10, rue Saint-Ferdinand, 75017 Paris
lebazaristain.com

BOUTIQUE LES FLEURS花藝店

充滿詩意的店鋪是挑選小禮物的藏寶格：寶、家居裝飾小物、文具、舊貨、乾燥花、縫補布貼、皮革用具應有盡有。店主以犀利的眼光所挑選的物品絕對無可挑剔！同時也是參觀年輕設計師新穎小店林立的圖梭街（rue Trousseau）的好機會。

家居、舊貨與小型家具
5, rue Trousseau, 75011 Paris
珠寶與飾品
6, passage Josset, 75011 Paris
boutiquelesfleurs.com

LE BOMO SECRET
現代布喬的祕密
極為巴黎風味的機密計畫

BAR 1905

來偷偷喝一杯。由暗梯通往隱身於古老酒窖中的「地下酒吧」，神不知鬼不覺地，喝一杯向法國頹廢作家於斯曼（Joris-Karl Huysmans）致敬的「À rebours」（逆向）調酒。美好年代的圓形茶几與寬大的沙發讓視覺畫面更臻完美。位於二樓的露天雅座只有八個座位，也是巴黎最隱密的雅座之一。

週二至週六營業，18：00~02：00
25, rue Beautreillis, 75004 Paris

RESTOS SECRETS 祕密餐廳

這是屬於行家的晚餐地點，與斤斤計較的賓客在舊倉庫改建的工作坊或舊麵包店，共同享用大廚在家特製的餐點。這是有點附庸風雅的巴黎人新近的愛好。

fingle.fr et archibaldgourmet.com

MUSÉE NATIONAL GUSTAVE-MOREAU
國立居斯塔夫‧莫羅博物館

沉浸在居斯塔夫‧莫羅（Gustave Moreau）的神祕寰宇。他不只是象徵主義的首創者，也是唯一一位在世時，將自己的畫室改造成博物館，以頌揚自身光環的畫家。他是詩人孟德斯鳩的知交，也是十九世紀末期的優雅風範權威，令王爾德與普魯斯特欽佩不已。居斯塔夫很少離開他那令人大驚小怪的畫室，畫室中的

螺旋樓梯與他喜歡畫的有支配慾的裸女同樣家喻戶曉。

14, rue de La Rochefoucauld,
75009 Paris
musee-moreau.fr

HÔTEL PARTICULIER MONTMARTRE
蒙馬特爾特別飯店

在全巴黎最小的旅店，裹在漂亮的床單裡，進入奇妙世界。這間如珍寶般的十九世紀迷人豪宅旅店，坐落於朱諾大道（avenue Junot）上的小巷，備有五間夢幻特別套房（多一間都不行），四周圍繞著廣大的花園。

23, avenue Junot, Pavillon D, 75018 Paris
hotel-particulier-montmartre.com

PHILIPPINE JANSSENS菲莉萍‧詹森斯

穿著內褲，由精品紡織王朝的繼承人為您量身訂做的長褲，無懈可擊但價格實惠。女明星、公主、女強人及沒沒無聞的巴黎女人都可以預約前來，在柔和的氣氛中，從十三種款式與目不暇給的布料當中，選購最適合自己身形的長褲。

93, rue du Faubourg-Saint-Honoré, 75008 Paris
philippinejanssens.com

LE BOMO WEB
現代布喬不藏私網站
無論住在底特律或普瓦捷，

都沒有任何藉口放棄現代布爾喬亞提供的佛心網站！

MAISON THOMAS托瑪工坊
美麗而且發行量極小的品牌，玩弄的是至尊奢華的時尚密碼，價格卻非天文數字。他的斜背包「Porte-Moi」（背我吧）設計優雅，暗藏摩登細節，例如螢光縫線或是作工精緻的搭扣。所有產品，理所當然，都是法國製造，出自羅亞爾河谷（Val-de-Loire）的工作坊，還是與一個名字是H開頭S結尾的法國神祕大品牌共享的工作坊（噓！祕密）。
maison-thomas.com

NATIONAL STANDARD國家標準
才短短幾年，這品牌就在巴黎柏油路上稱王。以兩款球鞋初露頭角，如今已有超過十多款的球鞋，各色紛呈，材質也各異。François Chastang與Arnaud de Louvencourt仍然忠於初衷，他們注重品質，要求簡潔沉穩的風格，而不追求奢華的附加價值。
nationalstandard.fr

HEIMSTONE涵斯東
一定要瀏覽一下品牌的IG！Alix Petit創立品牌十多年，本身就是品牌最佳形象大使，品牌就是她生活的展現，美麗又饒富女人味，從不屈服於制式的性別成見。她的腳上永遠套著球鞋，經常頭戴毛線帽，身上展示獨家的印花洋裝，顏色秀色可餐的夾克或外套，以及粉色系的針織套頭衫（她的嗜好）。另外，她也做瑜伽，還是一名母親！
heimstone.com

LOUIS-GABRIEL NOUCHI路易－加百列‧努施
時尚界的新人，卻以精采的聯名商品而成名，曾與手套商Agnelle、購物網站La Redoute以及拉法葉百貨合作。他剛推出了他的首發男裝系列，設計重點是讓女友們也能偷穿男友的服裝。
louisgabrielnouchi.com

DE TOUJOURS始終如一
從傳統服裝、運動服到工作服，都是經典服裝在網路上最精采的系列。不管是卡瑪格的牧羊人長褲、機械師的吊帶褲、或是水手不可或缺的針織衫，所有禁得起時間考驗的服裝都經過完美的設計。品牌的官網及IG帳號也發布大量頗具啟發性的照片，讓消費者能將這些經典服裝穿出更多風格。
detoujours.com

ANNELISE MICHELSON安莉茲‧蜜雪森
她顛覆了由小巧可愛與共識主宰一切的宇宙。她以氣勢磅礡，充滿哥德／龐克／工業風格靈感，卻又極其精緻的珠寶顛覆了我們當前的習以為常。她的雕塑手環或耳廓耳環都受到蕾哈娜跟貝拉‧哈蒂德的青睞，她們兩位非常知道如何識別前途無量的後起之秀。
annelisemichelson.com

LE BOMO EN VILLÉGIATURE
現代布喬度假去
目的地：蓋塔希（Guéthary）與費赫角！

　　現代布爾喬亞如果夏天留在法國，這兩個地點就是他們全部的活動範圍。繼比亞里茨與聖讓德呂之後，法國人暱稱為「小加州」的蓋塔希是巴斯克地區沿海最新的必去之處。費赫角則位於將阿卡雄灣（Bassin d'Arcachon）與大西洋隔開的小半島頂端，雖然只有93平方公里大小，名氣卻與面積成反比，每一方寸都是名人必爭之地。這兩個地方都憑藉著公認的美景（大自然、海灘與猛浪）、所謂的衝浪文化（即使不會衝浪，穿著翻摺到腰部的連身防寒衣總是很帥的）以及跨世代的節慶生活方式受到現代布爾喬亞的青睞。尤其知道名人與他們所見略同，更堅定了現代布爾喬亞選擇此處度假的決心，即使他們假惺惺地咒罵娛樂圈涉足於此，而且承認這裡的天氣不總是那麼令人笑容滿面。

在蓋塔希

　　一旦把孩子送去衝浪（或是晚上交給家庭保母）之後，現代布爾喬亞跟著「蘇樂藝術」（Art of Soule）草編鞋參加社交派對的機會層出不窮。至少有以下這些：

在帕勒孟席亞（Parlementia）衝浪點對面，犒賞自己一杯傳奇mojito，或是在附近喝一杯非凡的Caïpirinha調酒，理所當然地，坐在沙灘護欄上，欣賞一望無際的大西洋。再者，這兩件事情都做也未嘗不可。然後繼續留下來吃晚餐（前提是還沒吞下太多Tapas跟花枝……）。

HÉTÉROCLITO艾德后克利托酒吧
Chemin de la Plage, 64210 Guéthary
05 59 54 98 92
PARLEMENTIA帕勒孟席亞
4, chemin du Port, 64210 Guéthary
05 59 24 33 59
ILUNABAR宜綠娜酒吧
50, promenade de la Plage, 64210 Guéthary
06 16 61 61 00

MADRID馬德里咖啡館
這裡原本是巴斯克回力球的重要場地，現在是當地潮人的據點。
563, avenue du Général-de-Gaulle,
64210 Guéthary
05 59 26 52 12

C
在瑟尼茨海灘（plage de Cenitz）的「C」餐廳，景色、裝飾、料理、服務與顧客，一切都很美。要美得更原始風情是難上加難了！傍晚時分也提供這條海岸線上最動人的日落美景，所以還要再光臨一次。
257, chemin de Cenitz, 64210 Guéthary
06 50 73 23 09

在費赫角（行家都只說「費赫」）

一定要在樂沐萬（Lemoine）喝杯咖啡，吃個可麗露。市集一旦收攤，所有「費赫角居民」（Ferrets-Capiens）就會乘船到阿甘（bancs d'Arguin）或圖藍給（Toulinguet）沙洲上野餐，這裡有壯觀而綿延不絕的原始沙灘（當然是人群登陸之前）。到了傍晚，他們各個晒得黝黑，打著哆嗦，穿著磚褐色長褲回家：

LA CABANE DU MIMBEAU滿舶小木屋
眾多生蠔小酒館之一。大啖生蠔，佐艾斯佩雷辣椒風味肉醬，小酌波爾多白酒。
28, avenue de la Conche,
33970 Lège-Cap-Ferret
05 56 60 61 67

CHEZ HORTENSE歐賀凍司餐廳
當地很夯的餐廳，稍微抗拒一下沒關係，但吃晚餐不去一下就不合理了。令人難忘（從各個詞義上來說都是）的淡菜與薯條！
26, avenue du Sémaphore,
33970 Lège-Cap-Ferret
05 56 60 62 56

CHEZ PIERRETTE琶耶黑特餐廳
沐著夕陽餘暉在品嚐Tapas，裝飾著彩色燈泡的新巴斯克風格小酒館，有美味料理與性感女郎（反之亦然）。
6, allée des Cupressus,
33950 Piraillan
06 67 92 60 11

LE 44
窺伺酒吧的現場演奏會，親切的複合式Tapas餐館，當地傑出音樂人也在此登臺演出，舞池塞滿衝浪客、女孩跟男孩。
44, avenue du Sémaphore,
33970 Cap Ferret
不接受預約

TCHANQUÉ瓊給
喝一杯調味蘭姆酒，隱身於知名迷人飯店「海灣工坊」（Maison du Bassin）蓊鬱植物之中的美麗酒吧。
5, rue des Pionniers-Cap-Ferret,
33970 Lège-Cap-Ferret
05 56 60 49 84

SAIL FISH帆魚
當地的夜間活動中心，年輕人會在這裡與父母（他們會很識相地盡快消失，雖然年輕人總覺得不夠快）一同扭腰擺臀。
Rue des Bernaches,
33970 Lège-Cap-Ferret
05 56 60 44 84

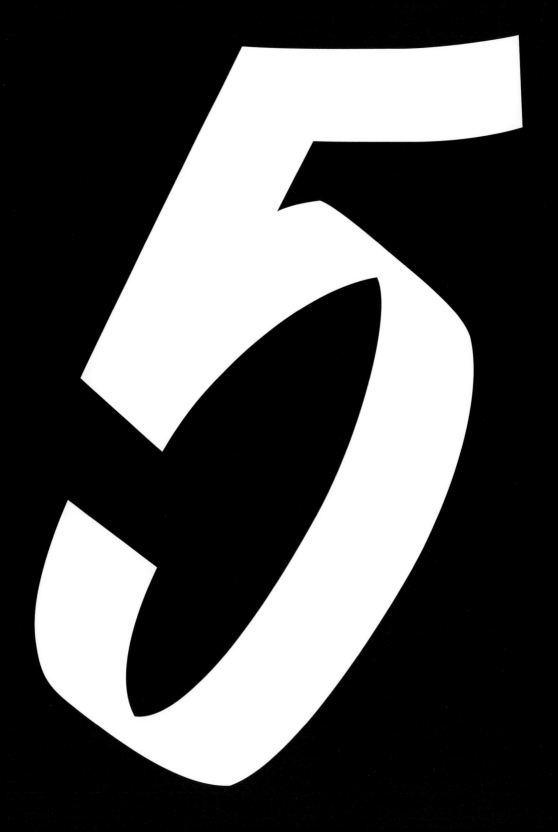

知識分子

LES INTELLOS

ÊTES-VOUS 您自認為是⋯⋯

UN PEU,

BEAUCOUP,

PASSIONNÉMENT,

À LA FOLIE,

PAS DU TOUT...

有一點、還可以、我就是、
超級是、完全不是⋯⋯

INTELLO 知識分子嗎？

法國佬，幹得好！ZE FRENCH DO IT BETTER

QUIZZ 快問快答

● 你知道勞勃·齊默曼（Robert Zimmerman）是誰的本名。 ● 你看過好幾遍莒哈絲（Marguerite Duras）執導的《印度之歌》（*India Song*）。 ● 「虛擬式未完成過去式」對你來說是小菜一碟。 ● 你愛安妮·華達（Agnès Varda），但不太愛她的染髮師。 ● 對你來說，文法是沒得商量的。 ● 你（還在）偷偷地聽ABBA合唱團的歌。 ● 李維史陀（Lévi-Strauss）不只是牛仔褲的品牌名稱。 ● 你對路易斯·布魯克斯（Louise Brooks）的電影作品瞭如指掌。 ● 你已經有很長一段時間都很早睡了。 ● 你分門別類、再按照作者來整理你的書。 ● 你步行前往任何約會。 ● 你以花神咖啡館的帶殼溏心蛋揭開一天的序幕。 ● 你的毛衣跟外套都縫有護肘墊。 ● 你像巴爾札克一樣酗咖啡。 ● 閱讀的女孩更性感。

→ 你勾選了6到10項。你是個純粹徹底的知識分子。透過下列內容，你可能會更認識你自己。

→ 你勾選了3到6項。就差那麼一點！透過本章來增加你的智商。

→ 你勾選了不到2項。你根本就不是知識分子。不過總會有辦法的。

UN PEU D'HISTOIRE 來點小歷史

« Le courage c'est d'aller à l'idéal et de comprendre le réel. »

Jean Jaurès

「勇氣就是追尋理想並了解現實。」

——尚‧饒勒斯（Jean Jaurès）

　　我們衷心感謝知識分子至今仍然堅持穿著天鵝絨長褲與使用簡單過去式，我們也極為感激他們將「poudre de perlimpinpin」（江湖郎中的藥）及，「ballot」（糊塗蟲）這些用法納入法蘭西語言遺產當中。

法國人對知識分子有著史詩般的愛。他們的國家不就是現代哲學之父笛卡兒的國家嗎？提問、推理、懷疑，才能得到真理，這就是民族特色，也是狂妄傲慢的基石，對了！後者也是民族特色！如果法國人熱愛辯論，並堅忍不拔地認為自己永遠是對的，那是以唇槍舌劍為榮的知識分子一脈相承的結果。繼伏爾泰之後，左拉在特雷福事件（affaire Dreyfus）爆發後發表了知名的〈我控訴〉（J'accuse）一文，成為眾多「有社會責任感」知識分子的吹哨者。不需要追溯知識分子的思想起源是否傳奇，他們在法國令人直接聯想到的其實是親切的傳說：沙特與西蒙・德・波娃在雙叟咖啡館重塑世界；卡謬，穿著亨弗萊・鮑嘉（Humphrey Bogart）在電影《北非諜影》（Casablanca）裡的風衣；馬勒侯（André Malraux）跟他的帥氣髮綹；有著大耳朵的雷蒙・阿宏（Raymond Aron）；葛蕾柯（Juliette Gréco）、芭芭拉（Barbara）、雷歐・費亥（Léo Ferré）；1970年代落拓不羈的「新哲學家」；法國文化電臺和赫赫有名的歷史性書店 La Hune（桅樓）。法國各大報經常在這些知識分子的神話上作文章，定期推出氣氛一流的攝影集，黑白照片更佳。沉浸在輝煌的過去，是否為了掩飾目前法國在全球辯論當中缺乏發言權？某些鎂光燈寵兒的第二代，如哲學與評論家拉斐爾・恩多芬（Raphaël Enthoven，Jean-Paul Enthoven的兒子）或拉斐爾・格魯克斯曼（Raphaël Glucksmann，哲學家André Glucksmann的兒子），在還懂得如何看書的千禧世代眼裡，他們仍然傳承了充滿智慧的魅力。

法國人的感情，大多基於一種友好的美學形式，而不是基於實質內容，這無疑可以解釋為什麼他們會原諒知識分子有時會有缺乏辨別力的立場：知識分子普遍支持世界上所有的共產主義獨裁政權，從史達林到波布。在知識分子這個家族當中，有兩個對立的族群（讓我們長話短說）：一是所謂的左派，思想正統又受愛戴；另一則是右派，常被指責背叛了前者，不但是異端邪說，在對手的眼裡更是臭名昭彰的反動派。

當然，並非所有的知識分子都是作家、編輯、記

縮寫謬斯

BERNARD-HENRI LÉVY
（BHL）
貝爾納 亨利・李維
無人不知這三個字母背後藏著什麼，就是專門描寫社交生活又極富社會責任的哲學家B-HL。

語言符號學謬斯

ROLAND BARTHES
羅蘭・巴特
這位哲學家寫的《神話學》仍然是神話。任何一個對身處世界感興趣的知識分子，都夢想著能以漢堡為書中角色，創作出一部新的《牛排和薯條》。

者、Odéon劇院導演或文學評論家。他們總有共同點吧？就是過於誇大人文與文化的修習價值。他們的孩子就讀於路易大帝高中（Lycée Louis-le-Grand）或亨利四世中學（Lycée Henri IV）等豪華的「人才苗圃」，接受拉丁文與希臘文的薰陶與注射，像前共產共和國的田徑選手服用同化類固醇一樣。

而現代布爾喬亞的父母，曾為他人捍衛共和精神的平等主義，卻為了讓自己的寶貝後代成為師範學院的一員而無所不用其極。對於一般的法國青少年來說，被稱為「知識分子」其實比較像侮辱，而不是讚美。不過，那不重要！每年6月全國的媒體都會對大學聯考BAC以及已成神話的哲學科目大肆評論！重頭戲是大名鼎鼎的知識分子還會以好玩的心態重新考一次，即使成績慘不忍睹。終其一生都在考試，其實是知識分子家族熱愛的活動。

男性知識分子通常帶有執褲風格，凌亂得很有技巧的頭髮總是比時尚所允許的長度長一點，套著皺得很藝術的白襯衫以及很少擦得亮閃閃的綁帶休閒鞋。至於帽T則非常不適合出現在花神咖啡館的二樓。而女性知識分子通常是學生風格的穿著，會特別下功夫以思想服人。很諷刺的是她們的哲學家男性友人總是毫不遲疑地與以性感魅力著稱的女演員或超模結婚生子。真的很討厭哪！不管是否家庭一起度假，也必須被分秒警覺的知識好奇心所驅使。好整以暇地晒黑？絕對不可以！知識分子不會去聖巴瑟米（Saint-Barthélemy）度假，而是亞維儂、戈爾代（Gordes）、馬爾西亞克（Marciac）或只有法國人才知道的以古老石塊為背景的各類節慶。這些文化巡遊並不妨礙他們前往商業咖啡（Café du Commerce）喝一杯mauresque調酒，一邊閱讀當地報紙，他們最愛上面刊載的地方軼聞。他們愛裝腔作勢嗎？才不會！知識分子的孩子從來不會被無用的時尚玩具淹沒，沒有任何東西比一本好書，甚至有點煩悶的書更能激發想像力了。他們溫順地聽從父母，默默地悼念米奇俱樂部為十二歲以下兒童所帶來的單純快樂。不過，噓，如果他們懷疑的話，會讓父母親不快的。

MIEUX VAUT LE SAVOIR... 不可不知

落實知識分子生活的一些重要社會儀式

Les prix littéraires
文學獎

文學獎左右著法國出版社的生態，也定期向媒體提供「栗樹」（指周而復始的新聞題材）或是城市裡茶餘飯後的閒聊主題。文學獎也是送聖誕禮物不可或缺的靈感來源：送本龔固爾文學獎（Prix Goncourt）或費米那文學獎（Prix Femina）書籍，總讓人安心地覺得不會出錯！

Les lettres d'amour
情書

雖然簡訊與電子郵件取代了書信，但是纏綿情話（以及所引起的陶醉蕩漾）並沒有就此消失。所有的知識分子都拜讀過《危險關係》（*Les Liaisons dangereuses*）這本刻骨銘心的書。因此，即使已經從國中畢業很久，寫情書運動仍然在他們的文青團體中受到高度評價。IG帳號@amours_solitaires（孤獨愛情）收列了最動人的情書簡訊，已經有幾十萬訂閱！法國人是否愛上了愛情？那是肯定的，密特朗總統在1962年至1995年之間，從不間斷地寫情書給年輕的安（Anne Pingeot），情書付梓之後，銷售熱賣盛況空前。

Les vernissages
開幕典禮

熱門的洗版用社交聚會，尤其當你是艾曼紐・貝浩登（Emmanuel Perrotin）或彭布朗畫廊（Galerie Daniel Templon）一貫邀請的少數幸運兒之一的時候。至於藝術作品？最好安排再次造訪，才能悠閒地欣賞：遠離自拍、洋芋片跟一堆機智詼諧的藝評。

PLUTÔT MOURIR QU'(E)...　寧死也不

在網路書店買書

與
Solex電動
自行車分開

大庭廣眾下看星座運勢

承認從來沒讀完
追憶似水年華

錯過
杜象獎（Prix
Marcel Duchamp）
的頒發

承認最近愛上了視覺
藝術家皮埃爾和吉爾斯
（Pierre et Gilles）

在柏格森（Henri
Bergson）的精裝
書上貼便條紙

看Top Chef美食競賽節目被逮到

不管新的拼法如何，寫
「nénuphar」（睡蓮）時
不寫ph而寫f

穿印
有品牌名稱的
螢光球鞋

取消訂閱《評論》（Commentaire）期刊

承認有時候我們會「mdr」（笑
死了）甚至「ptdr」（大笑），
或更糟的「xptdr」（笑炸）

L'INTELLO...
GÉNIE DE LA SÉDUCTION
知識分子：誘惑的天才

書信謬斯

MADAME DE SÉVIGNÉ
塞維涅夫人
在發送簡訊之前，一定
要想想塞維涅夫人每
週寫給女兒法蘭絲娃
‧德‧格西農（Françoise
de Grignan）的那些詞
藻考究的書信。

磁嗓謬斯

DELPHINE SEYRIG
黛芬‧賽赫意
FANNY ARDANT
芬妮‧亞當
JEANNE BALIBAR
珍娜‧巴麗芭
她們的共同點就是擁有
千裡挑一的獨特聲調。
知識分子喜愛（或曾
經）看她們在電影裡
或劇場裡飾演茹哈絲
或克洛岱爾（Camille
Claudel）。

法國的「獻殷勤」，究竟一種國家特性？還是如同某些
女權主義者所確信的那樣，只是個精心編造，旨在誘
騙佳人的神話？早在路易十四之前，獻殷勤就已經被刻板地
納入法國人性格的一部分；而少年即位的路易十四則強迫女
性接受這項「行為守則」。他要求朝臣在他面前必須除下帽
子，但是對女士們要畢恭畢敬，以優雅的姿勢舉起帽子致意。
懷孕的女士則能獲得賜座，這是朝廷階級當中最珍貴的位置。
路易十四非常愛女人，尤其喜歡有教養又有智慧的女人。當時
西班牙的女性不拋頭露面，而英國的女性則被忽略，因為英國
俱樂部是男士專屬；法國女人卻能自由行動，並且能與丈夫以
外的男士交談！超失禮！這種男女混和的社交狀況衍生了輕佻
的甜言蜜語以及輕浮放肆的暗示，在當時已經讓外國人難以理
解。從風流到放蕩，只有一小步的距離，通常由「調情男士」
主動跨越，以甜言蜜語來達到目的，像莫里哀筆下的唐璜。以
動人悱惻的情話來誘惑、吸引、擄獲、令人意亂神迷，是法國
古老而典型的愛情催情藥，即使其貌不揚者也能擄獲芳心。文
字能迅速點燃愛火！那些喜歡火辣熾烈性愛簡訊的人絕對沒
有異議。在法國，公開告白作家米歇爾‧韋勒貝克（Michel
Houellebecq）極有吸引力的女人多到讓人嘖嘖稱奇！沙特
收集年輕的情婦。賽吉‧甘斯柏將「醜陋隱藏著美麗／其魅
力盡收眼底」這首歌詞精采地理論化，不僅讓碧姬‧芭杜上
了他的床，也讓珍‧柏金闖進他心房。「新浪潮」的風流大
人物，尚－皮耶‧李奧（Jean-Pierre Léaud），有點焦躁及
煩躁的風格也很受歡迎。演員兼歌手班傑明‧比歐雷也屬於
這類人物，他與傑出女明星的戀曲總是轟動一時！當然，如

果當事人是像薩米・佛雷（Sami Frey）、尚－路易・特罕狄儂（Jean-Louis Trintignant）或米歇爾・比高利（Michel Piccoli）一樣帥氣，帶著能迷死巴黎聖日耳曼區名門淑女的懷舊風格神祕氣息，就更棒了！

　　好消息！在這個國家，才智依然是威力無比的春藥，而擁有才智的人的情欲則價值連城。對某些人要說抱歉了，話說回來，知識分子還是有分高下的。空洞無趣的愛掉書袋者，令人厭煩的好為人師者或不食人間煙火者，在法國女人眼裡都是不行的。知識分子的偉大愛情殿堂裡有兩部經典作品，都描寫了夜深人靜時的唇槍舌劍，撩人但也保持柏拉圖式純情。小克雷比庸（Crébillon fils）的舞臺短劇《夜與瞬間》（*La Nuit et le Moment*）中，主角Clitandre與Cydalise在床單下互相對罵。而艾力・侯麥（Éric Rohmer）執導《慕德家一夜》（*Ma nuit chez Maud*），則是以堅持不懈地評論布萊茲・帕斯卡（Blaise Pascal）的《思想錄》（*Les Pensées*）來當前戲！當然先由大腦享受高潮。

古希臘語謬斯

JACQUELINE DE ROMILLY
雅克琳娜・德・羅米莉
法蘭西學院院士，也是法蘭西公學院（Collège de France）首位女性教授，在一個曾經如此珍視希臘語和人文科學的國家，知識分子認為她是抵抗這兩者沒落的最後一道堡壘。她於2010年離世，讓他們頓失所靠。

道德家謬斯

ÉRIC ROHMER艾力・侯麥
ARNAUD DESPLECHIN
阿諾・戴普勒尚
雖然這兩位是不同世代的導演（侯麥於2010年辭世），他們對文學電影的耕耘無人能及，此類電影借鑑於史居里女勛爵（Madeleine de Scudéry）與馬里沃（Marivaux）的作品風格。他們電影中的對白或旁白極富文采，令知識分子如癡如醉。其他人則覺得「話太多」了！

LA LISTE INTELLO
知識分子必買清單

浪漫主義詩人阿爾方斯・德・拉馬丁（Alphonse de Lamartine）說：
「無生命之物體，靈魂安在？」當然，下列清單都是有靈魂的。

① L'ÉCHARPE OU LE CHÈCHE
長圍巾或纏頭巾

上個世紀稱之為「披肩」的長圍巾，已經是巴黎知識分子當機立斷用來點綴日常造型的布料，最好選擇一個漂亮的顏色。在聖日耳曼德佩區（Quartier Saint-Germain-des-Prés）漫不經心，在瑪黑區氣定神閒，在萬神殿附近從容瀟灑的知識分子都會繫這種上棉質、亞麻、羊毛或絲綢織布。這也許是當今法國人衣櫃裡極少數既不是灰，也不是藍或黑的時尚單品。

代表性品牌：ÉPICE香料

絲巾、方形領巾與長圍巾專賣店，由貝斯・尼爾森（Bess Nielsen）於1999年在巴黎創設，三十年來，這位丹麥設計師已經成為貨真價實的本地巴黎人。「除了時尚，一切都能給我靈感」是她的信條，人們也樂意相信，因為她設計的印花圖案如此豐富又變化萬千，令人遙想遠方的風景。知識分子不須離開巴黎高等政治學院所在的聖紀堯姆路（rue Saint-Guillaume）就能輕鬆環遊世界的好方法！

epice.com

 明星商品
以馬賽克磁磚為靈感的格子款式商品，年年更換顏色設計。

② *LA THÉIÈRE XXL* 特大號茶壺

中國紅茶在1606年由荷蘭人傳入歐洲，迅速征服了英國，這些無信無義的阿爾比恩人（Albion，大不列顛島的古稱）有「五點鐘茶」（Albion）的習慣；但鮮為人知的是紅茶也攻占了法國貴族的沙龍。隨後被咖啡與巧克力取代，淡出法國，直到十九世紀末期為了模仿優雅的英國風格，又重新回歸。法國人寫作、思考、考前複習都需要加油補給，茶因而成為漫長午後用功學習的好朋友。也因此知識分子的櫥櫃裡總是有一把大肚茶壺。

代表性品牌：GUY DEGRENNE紀德格涵

法國婚慶禮物清單上必有的品牌，由一位具有前瞻性的金銀器愛好者於1948年創立，引入不鏽鋼材質（革命性的發現，靈感來自兩棲作戰裝甲車的裝甲合金），讓銀器餐具走向大眾化。不鏽鋼餐具的保養何止省時省力，讓戰後時期的家庭主婦倍感欣慰！GUY DEGRENNE自此攻占所有人心，連知識分子也不例外，他們現在都在家點著「Diptyque」（炭木香）蠟燭營造情境，一邊服用綠茶。自1953年以來，暢銷商品之一仍然是套著內襯細氈布的拉絲不鏽鋼保溫罩白瓷「Salam」茶壺。

degrenne.fr；diptyqueparis.fr

明星商品
最新的銅罩黑瓷六杯裝茶壺，讓茶維持熱騰騰的時間多了一倍以上。

③ LES CABINETS DE CURIOSITÉS
珍奇屋

熱衷於地理學與人種學的路易十四經常贊助探險者的旅行，並醉心於探險者帶回來給他的珍奇物品。從當時尚無人知曉的國家收集各種小飾品、異國植物、昆蟲、獸角、動物標本、化石或是石頭，令開明人士為之著迷。將非凡珍奇的物品聚集在真正的寶藏室成為一種時尚。沒有任何城堡或豪宅沒有私人的珍奇屋或植物溫室，甚至還有大鳥籠！拿破崙的妻子約瑟芬在她的小馬爾邁松城堡（Château de la Petite Malmaison）花園裡竟然有鴕鳥跟珍貴鳥類品種，在在令她憶起家鄉馬丁尼克島（Martinique natale）。

代表性品牌：DEYROLLE戴霍樂

由戴霍樂家族於1831年建立，如今位於巴克路（Rue du Bac）的古老宅邸中，仍然是世界上獨一無二的品牌。2001年被「園藝王子」路易－阿爾貝·德布羅意（Louis-Albert de Broglie）買下，持續不斷創新的同時，也始終提供大量的昆蟲與蝴蝶標本、毛皮動物標本及各式貝殼，使其聲名大噪。在這個神奇的地方，地圖與書籍、植物圖集、獸角與動物標本製剝術等一切都讓人羨慕。

deyrolle.com

♥ **明星商品**
學名為「閃藍色蟌」（*Calopteryx splendens*）的午夜藍色系漂亮蜻蜓或是金色與綠色的步行蟲（*Carabidae coleoptera*）標本，將會在工作桌或書桌上營造最美的效果。

④ *LA PETITE CULOTTE EN COTON*
棉質小內褲

內褲一直到十九世紀初期都屬於男人的衣著，出身良好的女人在石榴裙下是什麼也不穿的！只有必須在公開場合彎腰服侍的女傭才有權利套住臀部。1789年時，穿著絲質內褲與褲襪的優雅貴族得小心別被「無套褲漢」（sans culotte）革命黨砍了頭。第一批女性開衩內褲參考自小女孩的長款燈籠內褲，與裙撐同時穿著的時候會讓人尷尬地看到主人的私處，羞恥心就此誕生了！

代表性品牌：PETIT BATEAU小船

皮埃爾·瓦爾頓（Pierre Valton）創立了內衣作坊，於1920年成為PETIT BATEAU，他同時也是第一條「真正的」女性內褲發明人。腰部設有鬆緊帶，無褲腿也無鈕扣的創新棉質針織內褲，贏得了1937年巴黎萬國博覽會的大獎。PETIT BATEAU一直是巴黎第五區的羅莉塔（lolita）早熟女孩及「藍襪」（bas bleus）女文人的寵兒品牌。十六歲尺寸的圓領白T是巴黎女人人手一件的單品。

petit-bateau.fr

明星商品

羅紋棉質白色小內褲百年紀念款，使用「卷針縫」（à point cocotte）針法的1960版本。法國人公推它為純潔情色的冠軍。

⑤ LA « BLANCHE »
白色文庫

誕生於1911年的法國文學作品叢刊。當時稱為《新法蘭西評論》（NRF，*La Nouvelle Revue française*）在法國是一個傳奇。叢刊作者群收集了不少文學獎座（共三十八個諾貝爾獎）文庫名人錄裡也不乏國寶級人物：普魯斯特、紀德、克勞岱或馬勒侯、卡繆、沙特都曾經名列白色文庫的作家群。簡潔的美學設計，乳白色封底搭配紅色標題，還額外增添書櫃優雅指數——這也很重要！體積纖細，脫穎而出，能稍微從大衣口袋露出一截，也是為造型「畫龍點睛」的時尚配件。

代表性品牌：GALLIMARD伽利瑪

家喻戶曉的出版社，與白色文庫密不可分，也與法國二十世紀及當代文學緊密相連。由加斯東‧伽利瑪（Gaston Gallimard）創立，現由其孫子安澠（Antoine）經營。能讓伽利瑪出版自己的作品，是每一個文學新手夢寐以求的榮譽。

gallimard.fr

♥ 明星商品

根據白色文庫叢書封面所設計的筆記本。封面甚至有知名作品的標題（思想錄、言葉……），巧妙排列的直線內頁催促著主人快快下筆成章。

⑥ LA CHAISE DU JARDIN DU LUXEMBOURG
盧森堡公園的椅子

在成為現在大學生最愛的啃書場所之前，瑰麗的盧森堡公園最早是路易十三幼年時期追逐小野豬的遊樂場。在法國大革命之前，哲學家在這公園苦思推理，戀人們在公園裡最避人耳目之處耳鬢廝磨。拿破崙一世在公園設立了兒童遊樂場，也出現了第一批由山羊或可愛毛驢負責拖拉的小車子。1869年，查爾斯‧加尼葉（Charles Garnier）建造了木製的旋轉木馬，讓一代接一代的孩子們樂此不疲地爭相乘坐，連內褲都要磨破了。在「盧哥」（LUCO，盧森堡公園的暱稱）不太容易覺得無聊：養蜂場、蘭花溫室、音樂涼亭、網球場、籃球場，還有滾球場、西洋棋桌、飲料攤、有模型船航行的水池、甚至還有年度網球比賽場，應有盡有，任君挑選！很懶的人可以賴在著名的綠色鐵椅上曬太陽，現在完全免費！在1974年之前，坐這些椅子需要付幾分錢，還有椅子出租員負責收費喔！

代表性品牌：FERMOB法悅居

由一位馬蹄鐵匠在十九世紀建立的品牌，在1953年成為金屬製家具的專家，使巴黎的公園及咖啡館皆為了擁有一把金屬椅而感到自豪。摺疊式的小酒館椅子多年來始終是最暢銷的商品，緊接其後的是一系列戶外家具，各式繽紛色彩可供選擇。

fermob.com

明星商品
盧森堡公園款式的低矮扶手椅，一直是公園中最令人垂涎的椅子，在私人花園中也同樣完美。

L'INTELLO GOURMAND
知識分子美食家

　　精神糧食很好，但不一定能讓那些「我思故我在」的人充飽電！知識分子對於巴黎小酒館的簡餐情有獨鍾（生命中還有其他更重要的事情），像是羊奶酪沙拉或任何食物的綜合盤，讓人能一邊吃東西一邊激烈的交換意見。「嗑先生」（croque-monsieur）火腿起司三明治是他們的最愛。1990年代的知識分子喜歡用普瓦蘭（Poilâne）手工麵包加鄉村火腿以及康塔爾（Cantal）起司，現在的知識分子則喜歡像特拉瑪咖啡（café Trama）一樣使用普久宏（Poujauran）的龐多米吐司（pain de mie）加松露鹽，或像賽巴斯提安・高達（Sébastien Gaudard）使用鹹味卡士達醬（crème pâtissière）。還好知識分子會邊吃邊寫筆記，不然就得舔手指了！他們跑遍一家又一家的咖啡館卻什麼也沒吃的功力，也傳遍各小酒館，其實餐館老闆都希望最後結帳的帳單能更有分量一些。知識分子從高中時代就有這個習慣，當年的他們與同儕坐在小酒館的角落吞雲吐霧，試圖重塑世界。然而這個迷霧重重的時代傳說永遠地灰飛煙滅了，因為2008年初開始，禁止在酒吧與餐館室內抽菸。憶當年，人事已非！

CAFÉ TRAMA
83, rue du Cherche-Midi, 75006 Paris
（現址已改為GARÇON！）

SÉBASTIEN GAUDARD
1, rue des Pyramides, 75001 Paris

威爾斯乾酪（Le Welsh Rarebit），彷彿身在花神咖啡館：知識分子的食譜

威爾斯風味的「嗑先生」火腿起司三明治，不可思議地成為聖日耳曼德佩區歷史經典咖啡館花神最受歡迎的寵兒。不只遊客喜歡花神，當地人也趨之若鶩，甚至還有自己的文學獎（花神文學獎，不是威爾斯文學獎）。這款輕食小吃很適合在觀賞表演之前或之後享用。

2人份
400g切達乳酪絲
2片全麥吐司或鄉村麵包片
1大匙芥末醬
10ml白啤酒

作法：
❶ 將切達乳酪絲放入鍋中與啤酒一起融化。
加入芥末醬。
❷ 將麵包片烤熱。
❸ 放在一個小烤盤上。
❹ 把融化的切達乳酪放在麵包上。
❺ 放入烤箱焗烤。
❻ 品嚐並享受舌頭被些微燙到的快感。

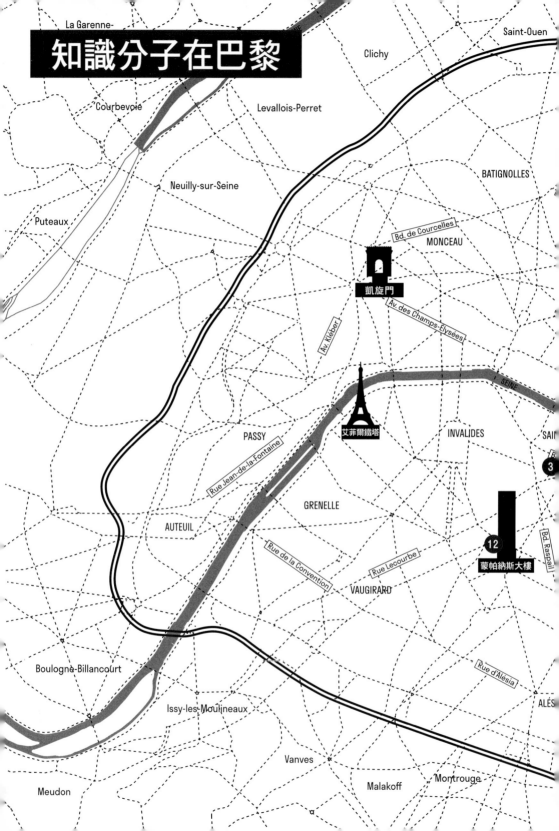

知識分子在巴黎

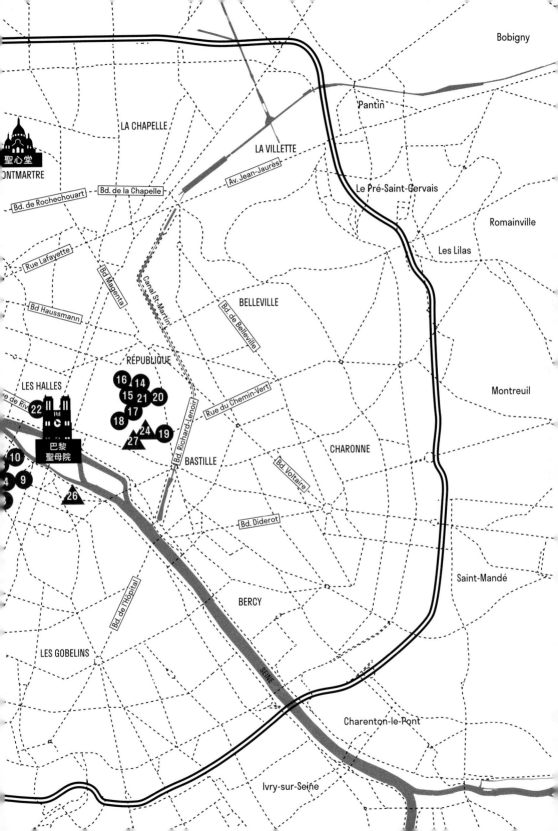

知識分子的起源地

　　從十七世紀開始，作家、哲學家與革命黨新人就在塞納河左岸落地生根。拉丁區的咖啡館與革命法庭只有一步之隔——由丹敦（Danton）與羅伯斯比（Robespierre）領銜邁步，他們常去的普羅可布（Procope）就是巴黎最古老的文學咖啡館。幾個世紀之後，列寧與當時還不是對手的托洛斯基（Trotski）在丁香園（La Closerie des Lilas）沙盤推演推翻羅曼諾夫王朝的細節。總是穿著一身黑的茱麗葉‧葛蕾柯在戰後建立了le Tabou（禁忌）爵士俱樂部，極受作家鮑希斯‧維昂（Boris Vian）與邁爾士‧戴維斯（Miles Davis）的賞識。1968年，索邦這所建立於中世紀的知名學府成為歷史性的學運舞臺。年長的大學生帶領附近高中的學弟妹們抗爭，整個街區很快被拒馬封閉，接著全法國都沸騰了。「真是混亂！」在第一次世界大戰之前不久，蒙帕納斯地區熱鬧非凡，音樂廳、劇院與夜總會一應俱全，成為身無分文畫家的地標，他們來到名垂青史的場所賒帳吃喝。無論是費茲傑羅、葛楚‧史坦（Gertrude Stein）或認為巴黎是一襲流動饗宴的海明威，都能在這個充滿創意與波西米亞風格的文人生態圈中找到靈感。這裡原本也是知名出版社與菁英名校喜愛的地區，如今正逐漸被奢侈品牌與銀行攻占。不過，對於熱衷追尋消失傳說的愛好者而言，魅力仍然不小。

舉個例：

❶ CAFÉ LA PALETTE調色盤咖啡館
1930年代的珍寶，非常適合追隨畢卡索、吉姆‧莫里森（Jim Morrison）或保羅‧奧斯特（Paul Auster）的腳步，在這裡喝一杯（昂貴的）飲料，聊到天長地久，然後被服務生斥責。
43, rue de Seine, 75006 Paris

知識分子的新動線

　　優雅貴族已經不太有能力付得起波旁皇宮周邊的生活，不過他們知道在巴黎的什麼地方可以找到符合他們的標記，也就是優雅、簡約與古怪兼具的風格。所以他們偏愛沉浸在充滿歷史，卻又不完全凝固在歷史中，更沒有出賣自己靈魂的地方。

SAINT-GERMAIN聖日耳曼
蓋伊（Guy Béart，他的歌詞中曾說「聖日耳曼德佩區沒有未來」）可能會不開心，不過我們覺得這裡仍然有未來！同名廣場的美麗風姿，鄰近街巷與費斯騰堡廣場（Place de Furstemberg）的迷人倩影，還是很值得欣賞。

❷ CHEZ ADELLINE愛德琳工作室
巴黎設計師，遊走於印度與巴黎，為顧客呈獻Jaipur工坊製作的珠寶首飾。拋光原形寶石戒指。大手環或長墜項鍊，以簡潔與女性化兼具的貴金屬加工製成，讓人想放手掃貨。
54, rue Jacob, 75006 Paris

❸ BRASSERIE LE ROUQUET湖給酒館
1950年代的傑作，曾經是「輕騎兵文學運動」（les Hussards）人士，如侯傑‧尼米耶（Roger Nimier）或賈克‧羅宏（Jacques Laurent，筆名Cecil Saint-Laurent）經常光顧之地。其燭型壁燈與藍色霓虹燈就值得到此一遊。餐點不見得美味（花神也一樣），但總能與一些當地的文人擦身而過，比如艾瑞克‧紐霍夫（Éric Neuhoff）與帕提克‧貝松（Patrick Besson），或是文學編輯們。從花神咖啡館移情別戀吧。
188, boulevard Saint-Germain, 75007 Paris
01 45 48 06 93

④ AVANT COMPTOIR櫃臺之前
排隊等吃Tapas，主廚Yves Camdeborde的
領地，也是大啖豬血香腸與豬腳等西南部料理
的神祕巢穴。不接受預約，早點來或晚點來（
總之避開下午一點）都是午餐的救星。
3, carrefour de l'Odéon, 75006 Paris
01 42 38 47 55

⑤ RÉTRO後視鏡
設計師Charlotte Bialas設計的洋裝都是用
復古絲綢剪裁而成。我們還記得女作家維爾莫
蘭（Louise de Vilmorin）的優雅時髦，這位極
有主見的女人讓時髦的小裝飾品成為流行。
67, rue Madame, 75006 Paris
01 57 40 69 10
charlottebialas.com

喝一杯濃縮黑咖啡，到「歐洲最大宗教書店」沉
浸在聖潔光輝之中，很多法國電影裡都有這家書
店的場景，如《謹慎的女人》（La Discrète）。
當然可以在此充實聖經知識，但也可以在這個保
存良好又有和善店員的書店購滿文學作品。精挑
細選的修道院產品平添樂趣。

⑥ LA PROCURE書店
3, rue de Mézières, 75006 Paris
01 45 48 20 25
laprocure.com
⑦ CAFÉ DE LA MAIRIE市政廳咖啡館
8, place Saint-Sulpice, 75006 Paris
01 43 26 67 82

⑧ IUNX艾納克絲香水店
把玩如管風琴排列的香水聞香瓶，像《逆
流》（À rebours）一書裡的頹廢花花公子。光
是測試品牌的純淨香氛已經是場非凡經歷。圖
爾農路（Rue de Tournon）上還林立著各種精
緻店鋪與新穎攤位，有點像是這區的「蒙田大
道」（譯註：香榭大道旁的精品街）。
13, rue de Tournon, 75006 Paris
01 42 02 53 52
iunx-parfums.com

GALERISTE KAMEL MENNOUR卡邁勒・門努爾畫廊
與應用美術界的菁英藝術家拉關係，門努爾已
寫下傳奇，也是當代藝術最佳經紀人。
⑨ 47, rue Saint-André-des-Arts,
75006 Paris
⑩ 6, rue du Pont de Lodi, 75006 Paris
01 56 24 03 63
kamelmennour.com

MUSÉE ZADKINE查德金美術館
這祕密花園猶如綠色寶石天地。查德金是名氣
雖小卻才華洋溢的雕刻家，其保存完好的工作
室與安托萬・布德爾（Antoine Bourdelle）的
工作室並列為蒙帕納斯黃金時期的珍貴遺跡。
⑪ MUSÉE ZADKINE
100 bis, rue d'Assas, 75006 Paris
01 55 42 77 20
zadkine.paris.fr
⑫ MUSÉE BOURDELLE
18, rue Antoine Bourdelle, 75015 Paris
01 49 54 73 73
bourdelle.paris.fr

⑬ COUR DE ROHAN侯昂庭院
追尋隱藏美景，用迷人的微笑説服當地居
民讓我們進入庭院一窺究竟。精緻的宅院裡
擁有歷史悠久的建築，其中有些是文藝復興
時期的古蹟。在這裡有巴爾帝斯（Balthus）
的畫室，喬治・巴代伊（Georges Bataille）
舉辦過令人難忘的宴會，大衛・霍克尼
（David Hockney）在此作畫，希拉・希克
斯（Sheila Hicks）仍然住在這裡，賈克梅帝
（Giacometti）基金會擁有一棟私人宅邸。接
著，使用相同的誘惑手段進入哈斯拜耶大道
（Boulevard Raspail）38號，進入中庭之後可
以看到時裝設計師Rabih Kayrouz的工作室，原
本是玻璃天棚的劇場，也是《等待果陀》（En
attendant Godot）首次演出的舞臺。
從賈迪納街（rue du Jardinet）或聖安德雷商廊
（cour du commerce saint-andré）進入

DANS LE MARAIS瑪黑區
下瑪黑區擁有十七世紀的宏偉豪宅，競爭
激烈的鷹嘴豆餅（Falafel），卡納瓦雷博物
館（Musée Carnavalet）與康納克傑博物館
（Musée Cognacq-Jay），還有知名的時尚服
裝店以及弗日廣場，但擠滿了觀光客！而上瑪
黑這個位於第三區朗布托路（rue Rambuteau）
與共和國路（rue de la République）中間的小
三角地帶，已成為深受歡迎的地方，也符合知
識分子風格：隱密、精緻、充滿概念性。

⑭ MARILYN FELTZ瑪麗蓮・費爾茨
MARILYN FELTZ的Edith裝或Marlène洋裝
能完美勾勒性感而且極具參考價值的身材曲
線，渾然天成，法國製造，還能扮演存在主義
天后。夏洛特街的其他部分也值得探訪。
28, rue Charlot, 75003 Paris
01 40 26 39 48
marilynfeltz.com

15 RUE DE SAINTONGE 三通橘街

26號→GACHON POTHIER卡雄波堤耶：由兩位深思熟慮的環球旅行者經營，是當地人購買禮物的機密基地。華麗又具原創性的珠寶與臥房紡織用品琳瑯滿目。
01 42 71 34 15
gachonpothier.com

45號→GRAND CAFÉ TORTONI托爾托尼大咖啡館：由布利通用藥房（Officine Universelle Buly）重建的夢幻咖啡館，完美重現十九世紀巴黎上流社會的場景。能欣賞復古的香水護膚產品（潔白面霜、牙膏等），向巴爾札克的César Birotteau致敬。還能在吧檯享用一杯濃縮咖啡佐瑪德蓮小蛋糕或是一杯檸檬水。
01 42 72 28 92

16 RUE DE BRETAGNE 布列塔尼路
來真正的小吃街食食人間煙火！

39號→LE MARCHÉ DES ENFANTS-ROUGES紅孩兒市集：巴黎唯一能好好享用午餐的市集。一定要到妙子（Taeko）吃一頓能撫慰人心的最佳日本料理，在不遠處的捲心菜橋路（rue du Pont-aux-Choux）也有分店。
PONTOCHOUX 波托塾（TAEKO夫人）
18, rue du Pont-aux-Choux, 75003 Paris
09 86 70 77 00

47號→CHEZ OMAR歐瑪小吃：總是人山人海，座無虛席，這裡有巴黎最好吃的北非小米couscous，小酒館至今仍忠於原味，完整保留傳統的文化交融。不接受預約，也不能刷卡。
09 86 39 91 14

57號→BONTEMPS好時光：這家甜點糖果店賣的油酥餡餅令點心狂名正言順地奔相走告，欣喜雀躍。
01 42 74 10 68

回歸時尚的正統起源。設計師小店與加盟品牌的制式樂趣相去甚遠，總讓我們目不暇給嘖嘖稱奇（對荷包的影響甚低），例如一輩子一定要視眼見到一次的Christophe Lemaire的服裝系列；令人為之傾倒的Isaac Reina設計的極簡風皮包與手拿包，以頂級亮面皮革縫製；還有極受巴黎女人尊崇的Studio Marisol，不僅能在乾的頭髮上直接修剪，店內所擺設的以頭髮完成的雕塑也非常超現實。

17 CHRISTOPHE LEMAIRE克里斯多夫·勒梅爾
28, rue de Poitou, 75003 Paris
01 44 78 00 09
lemaire.fr

18 ISAAC REINA依薩克·荷納
12, rue de Thorigny, 75003 Paris
01 42 78 81 95
isaacreina.com

19 STUDIO MARISOL瑪麗索工作室
33 ter, rue des Tournelles, 75003 Paris
01 44 61 18 34
studiomarisol.com

YVON LAMBERT伊馮·朗伯書店
由身兼藝廊主人的店主精挑細選的頂尖雜誌、藝術書籍或攝影作品均讓人心醉神馳。
20 14, rue des Filles-du-Calvaire, 75003 Paris
01 45 66 55 84
shop.yvon-lambert.com

S.BENSIMON賽吉·班西蒙畫廊
致力於各種形式的創作，從設計到時尚，都是透過賽吉敏銳的眼光精挑細選，他是罕見而帥氣的藝術愛好者（同時也是小帆布鞋的愛好者）。
21 111, rue de Turenne, 75003 Paris
01 42 74 50 77
gallerybensimon.com

22 其他地點：59 RIVOLI里沃利街59號
一棟廢棄多年的大樓，屬於里昂信貸；於1999年被許多年輕藝術家改造成「squArt」（竊藝）空間。現在已經獲得官方認可並改建成公開的藝術工作室，並在巴黎市政府的祝福下，舉辦層出不窮的開幕酒會、表演或展覽，其樂融融。
59rivoli.org

L'INTELLO SECRET
知識分子的祕密
浪漫的機密計畫

▲23 RUE CAMPAGNE-PREMIÈRE首次行動街

漫步是必要的，能為自己注射大量的藝術與文學含量，一邊仔細閱讀兩旁建築物上的紀念牌。不乏世界級的一流藝術家在此下榻：阿拉貢（Aragon）在這裡為他的妻子愛爾莎‧特奧萊（Elsa Triolet）寫詩，深愛韓波（Rimbaud）的魏爾倫住在某個貧窮汙穢的房間，而高達在電影《斷了氣》（À bout de souffle）裡安排Belmondo死亡的地點也在這裡。當然也別忘了藤田嗣治、曼‧雷（Man Ray）、尼古拉‧德‧斯塔埃爾（Nicolas de Staël）、蒙巴納斯的吉吉（Kiki de Montparnasse）。

▲24 MUSÉE CARNAVALET卡納瓦雷博物館

向普魯斯特道別。由奧斯曼男爵創立的巴黎人與巴黎歷史博物館。親切的普魯斯特的房間就在博物館一個隱密的角落。沒錯，他就是在這個房間裡隱居並撰寫《追憶似水年華》（法國人喜歡簡稱為「追憶」，即使不一定從頭到尾讀完）寫作，直到離世。
16, rue des Francs-Bourgeois, 75003 Paris
carnavalet.paris.fr

▲25 SENNELIER伸內利爾美術社

給點顏色瞧瞧！自1887年開始即為塞尚、竇加、畢卡索等畫家的供應商。店內擺設沒有太多變動，不需要到奧賽美術館也能在古色古香的貨架上看到令人心折的粉彩顏料，還帶著特別的香味。
3, quai Voltaire, 75007 Paris
sennelier.fr

▲26 RUE DE PONTOISE蓬圖瓦茲路

拉丁區中心的游泳池優雅玩水，這裡保留了裝飾藝術時期的通道與換衣間。修身才能養性，知識分子喜歡在這裡來回長泳（不在盧森堡公園打太極拳的時候）。
19, rue de Pontoise, 75005 Paris
paris.fr/equipements/piscine-pontoise.2918

▲27 LA SYNAGOGUE猶太教堂

瑪黑區帕維街（rue Pavée）的猶太教堂是吉瑪（Hector Guimard）的作品，他深知如何巧妙運用兩座相鄰建築物中間的狹窄空間。納粹曾欲將其摧毀，逃過一劫的教堂，如今只在歐洲文化遺產日（每年九月）開放參觀。不過能從街上欣賞其建築外牆。
10, rue Pavée, 75004 Paris

▲28 TREIZE十三工坊

來場浪漫約會。在這家小酒館綠意蓊鬱的露天雅座上，絕對能看到一大群被兩位熱情女店主以及「不用炸的炸雞」吸引前來的美女。知識分子也喜歡在離盧森堡公園僅兩步之遙的Coutume（習俗）咖啡，端著一杯Pimento辣薑汁檸檬水或咖啡，聊聊尷尬的知心話。還可以在可愛的花卉櫃臺為約會對象買束花，讓約會更錦上添花！
5, rue de Médicis, 75006 Paris, pas de réservation
treizebakeryparis.com

L'INTELLO WEB
知識分子不藏私網站
不離開辦公桌，享受物質「但很心靈」的樂趣

JARDIN D'ÉCRIVAINS作家花園

專為床上閱讀而設計的蠟燭（光芒強度經過精密計算，以便在這神聖時刻集中心思），而且香味都與某位作家及其祕密花園有關柯蕾特、雨果、巴爾札克都在這場嗅覺複習的內容中。
jardinsdecrivains.com

PROÊMES DE PARIS巴黎開場白

時髦的年輕知識分子喜歡這個企圖連結時尚與文學、有點附庸風雅的品牌。除了精美的年度系列，寫上女權主義訊息「閱讀的女孩很危險」的T恤也是收藏品。
proemesdeparis.com

PAPIER TIGRE紙老虎

成功在電子數位世界努力延續書寫樂趣的文具公司。設計非常現代感的筆記本、行事曆、便條紙以及週記本（無法抗拒的紙質日程表），成功削弱電子行事曆與平板電腦的主導性地位。

papiertigre.fr

HUGO MATHA雨果瑪塔

HUGO MATHA的木質或有機玻璃小型手袋非常適合用來裝記事本，曾在Colette概念店販售，至今仍令冰雪聰明的女人們醉心。他受邀為克里雍大飯店（hôtel de Crillon）的員工設計制服。總是走在潮流的前端！

hugomatha.com

HAIR DESIGNACCESS

由美術學院畢業生及最著名的秀場髮型師之一，Sylvain Le Hen設計的「法國製造」金屬髮飾。沒有華麗裝飾，而是採用現代的設計，例如已經非常熱門的「馬尾」髮夾，讓最簡單的髮型帶有拉丁區大學生風格的錯覺。

hairdesignaccess.com

DE BONNE FACTURE精心構思

日本人不需要向我們學習時尚，不過他們非常讚賞這個提供經典耐看男性穿著的網站，對於思想純正的文青來説也非常完美莊重。不論是材質、剪裁、製作、加工都很優雅，一切工序都經過深思熟慮，讓產品能隨著歲月更添風采。網站上精選的每一個法國工坊也都有令人激賞的詳細介紹，猶如小説般精采！

debonnefacture.fr

L'INTELLO EN VILLÉGIATURE

知識分子度假去

目的地：文化氣息的普羅旺斯！

　　更精確地說，是幾十年來一直吸引全法國藝術界菁英的亞爾與亞維儂！1980年代即無人不曉的攝影師Peter Lindbergh認為亞爾是他最愛的靈感泉源，當代藝術實驗中心（Fondation Luma）也在亞爾成立，亞爾因而成為攝影與藝術之城，無人能與其相爭。至於亞維儂，繼吉恩·薇拉爾（Jean Vilar，1947年創辦亞維儂藝術節）之後，也迎來了伊馮·朗伯（Yvon Lambert）的收藏品；後者顯然厭倦了巴黎，因而於2000年時，在亞維儂一所十八世紀豪宅建立了專屬基金會。普羅旺斯的優勢在於機能性與舒適度兼具，從春天開始，就能在梵谷珍愛的「金色太陽」以及蟬的歌聲中，盡情享受當地琳瑯滿目的節慶！藝人與小模，然後是內行音樂人及挑剔的觀眾，都按照特定順序前往普羅旺斯這個讓馬瑟·巴紐（Marcel Pagnol）或尚·惹內（Genet）讚許有加，並經常被高更、塞尚與馬蒂斯入畫的世外桃源。很難不在亞爾國際攝影節（Rencontres d'Arles）或亞維儂藝術節熱烈進行的當下，遇到某位原

本在巴黎小心翼翼避免遇到的人，畢竟知識分子都這麼喜歡季節性地逐「文化」而居啊！當地農舍、農莊或牛羊馬廐翻修後原味重現，用來招待這些季節性訪客，他們將發現自己的對話中也充滿了宏亮的當地口音（如「adiéu」、「brâaave」、或「couillon」）。在這個自古以來就盛產葡萄酒的地區，莫拿粉紅酒開玩笑，也別小看幾乎等同宗教儀式的茴香酒，純粹主義魔人是從來不加冰塊的！一般來說，富含大蒜、香料植物與橄欖油的當地料理也不是可以取笑的。當然更不是節食減肥的良伴！

亞爾與及近郊的旅遊行程

CAFÉ DE LA PLACE廣場咖啡館

在聖雷米（Saint-Rémy-de-Provence）來杯早晨餐前酒，讓節慶盡早開始。
17, place de la République,
13210 Saint-Rémy-de-Provence
04 90 92 02 13

CHÂTEAU ROMANIN侯瑪南酒莊

位於埃加利埃（Eygalières）與聖雷米之間絕佳位置，以橄欖油及上等葡萄酒聞名。該補充維生素E及鎂元素了。
29, route de Cavaillon,
13210 Saint-Rémy-de-Provence
04 90 92 69 57
chateauromanin.com

PLAGE DE BEAUDUC博杜克海灘

在Peter Lindbergh與Dominique Issermann鏡頭下化為不朽的海灘，是一個渾然天成的奇蹟美景，必須跋涉幾公里的崎嶇道路才能一親芳澤。2000年初，該地省長下令拆除漁民、鹽田工人及度假者搭建的違章小屋。幾間風景如畫的小木屋倖免於難，現由專門協會竭心盡力地保護。遠離塵囂（很少有地圖提及），獨立於時間之外的避風港，絕對值得探訪，來場魯賓遜漂流記。

如何前往→ 在亞爾的出口，走D36公路，往吉侯鹽田（Salin-de-Giraud）方向。在村鎮前幾公里處，改道往右，往拉貝盧格（La Belugue）行駛，然後繼續往前直行，直到看到泥土路的起點，再行駛約十公里之後即可抵達博杜克。

LA FONDATION VINCENT VAN GOGH梵谷基金會

位於雷歐多・德・多尼府邸（Hôtel Léautaud de Donines），占地一千平方公尺的藝術空間，同時展覽著荷蘭大師與當代藝術家的作品。
35 ter, rue du Docteur-Fanton, 13200 Arles
04 90 93 08 08
fondation-vincentvangogh-arles.org

EYGALIÈRES埃加利埃

在阿爾皮耶山（Alpilles）的最別緻的村莊市集之一將菜籃裝滿之後，可以到煉金士花園（Jardin de l'Alchimiste）參觀，距離預言家諾斯特拉達姆士（Nostradamus）的故居僅有幾公里。曼德拉草、向日葵、橄欖樹、曼陀羅及鐵筷子花在這個神祕花園裡共同生長。
Le Jardin de l'Alchimiste, 13810 Eygalières
04 90 90 67 67

GRAND HÔTEL NORD-PINUS北派訥斯大飯店

在令人崇尚不已的葡萄酒吧，名人顯要陪同下喝一杯，別緻優雅之外也非常波西米亞。原本為昔日的驛站，時光荏苒，現今成為鬥牛士多明金（Dominguín）、畢卡索、彼得・比爾德（Peter Beard）、吉姆・哈里森（Jim Harrison）、費南代爾（Fernandel）或克里斯汀・拉克瓦（Christian Lacroix）等名人相聚的地點，也是城裡的時尚殿堂之一。
14, place du Forum, 13200 Arles
nord-pinus.com

FAIRE DE BEAUX RÊVES AU MAS SAINT-FLORENT
樂瑪斯聖福倫特飯店

四周環繞廣闊花園的十八世紀家族宅邸，現已成為備受歡迎的民宿旅店。位於亞爾入口處，裝潢極具品味，由主人吉貝（Gilbert）一手設計。熱愛當地的他也不吝分享口袋名單、歷史知識與妙點子，而且還奉送微笑！
le-mas-saint-florent.com

PARFUMERIE ARLÉSIENNE亞爾香水店

在法比恩·布罕朵（Fabienne Brando）的美麗香水店裡沾染香氣，植物香皂、香氛棒與知名的「eaux d'Arles」（亞爾之水）與「eaux de Camargue」（卡瑪格之水）香水都裝在可愛樸素的盒子裡販售。
26, rue de la Liberté, 13200 Arles
04 90 97 02 07
la-parfumerie-arlesienne.com

亞維儂的旅遊行程

LA DIVINE COMÉDIE神曲

鄰近教皇宮的一間精緻的民宿，也是真正的天堂。非凡獨特的花園裡藏有游泳池與養生區，令人自動自發地在此安靜歇息。
16, impasse Jean-Pierre-Gras, 84000 Avignon
la-divine-comedie.com

LA FABRICA劇場

亞維儂藝術節的創始人吉恩·薇拉爾渴望有一個排練與工作的地方。歡迎藝術家進駐的La Fabrica劇場讓這個願望成真。每年的7月，劇場的六百個座位都會向熱情觀眾開放。
11, rue Paul-Achard, 84000 Avignon
festival-avignon.com

LA MIRANDE米朗德餐廳

位於教皇宮庇蔭下，前身為私人豪宅。充滿芳香的花園裡搖曳著棕櫚樹、無花果樹與柳橙樹，令人遠離藝術節的喧囂。服務出眾，餐點絕佳！還要求什麼？
4, place de l'Amirande, 84000 Avignon
04 90 14 20 20
la-mirande.fr

HÔTEL D'EUROPE歐洲飯店

飯店裡的酒吧，也被稱為「歐洲屋頂」（le Toit de l'Europe），夏季的每個週五與週六夜晚開放。菜單琳瑯滿目，以香檳為基底的調酒，來自Madame Vigier de Carpentras（維吉耶德卡彭塔女士）乳酪鋪的乳酪、攝影展、DJ，還有滿天星斗！建議先預約。

12, place Crillon, 84000 Avignon
heurope.com

CHRISTIAN ÉTIENNE克里斯瓊艾恬餐廳

極為精緻美味的餐桌上削尖所有感官，伴隨著教皇宮主院神奇的小喇叭樂。是亞維農經典餐廳的代表，目前由大廚紀連賽文（Guilhem Sevin）坐鎮。

10, rue de Mons, 84000 Avignon
04 84 88 51 27
christianetienne.fr

ROCHER DES DOMS岩石公園

這座公園可以俯瞰整個城市。學習真正的亞維農居民在義大利傘松樹蔭下野餐，一邊欣賞公園裡的鴨與鵝，遊手好閒地過日子。

養生環保鬥士

LES FILGOUDS

ÊTES-VOUS 您自認為是……

PASSIONNÉMENT,

UN PEU,

BEAUCOUP,

PAS DU TOUT..

À LA FOLIE,

有一點、還可以、我就是、
超級是、完全不是……

FILGOUD 養生環保鬥士嗎？

QUIZZ 快問快答

● 你家是由羊負責剪草的。● 你的精油預算讓你大吃一驚。
● 你也開始拾荒跑步（plogging）。● 藜麥很好；衣索比亞
畫眉草更好。● 你強迫大樓管委會在屋頂上安置蜂巢。● 花
園裡的草經常最後出現在你的餐盤裡。● 你避免去超市大賣
場。● 你用咀嚼木（bois d'arak）刷牙。● 家裡用來裝飾的
小木箱永遠不嫌多。● 你從2002年開始，就再也沒有碰過優
格。● 你酷愛有回收理念的時尚小潮牌。● 你企圖說服閨密
們改用月亮杯。● 你強迫你的孩子閱讀柯蕾特、季奧諾或盧
梭（Jean-Jacques Rousseau）。

➜ 你勾選了6到10項。你已經是超級養生環保鬥士。不過，閱讀本章節之後也許能發現一些「慢活」的新線索。

➜ 你勾選了3到6項。你的方向是對的。不過仍然可以繼續攀登綠色巔峰，不愁過與不及。

➜ 你勾選了不到2項。哎呀！冷靜！喘口氣，閱讀本章節後就能以退為進。

UN PEU D'HISTOIRE 來點小歷史

«Jamais la nature ne nous trompe ; c'est toujours nous qui nous trompons.»

Jean-Jacques Rousseau

「大自然從不欺人，自欺欺人的是我們。」

——盧梭（Jean-Jacques Rousseau）

　　環保鬥士埋下有機種子，耕耘合作花園，重新扎下農民根基，深掘健康溝壑，並在高盧的土地上深植瑜伽。

養生環保鬥士是環保家族史上最現代、最都市化也最有魅力的旁支。他們可說是死裡逃生呢！因為在法國這個會將茶飲戲稱為「阿嬤尿」的地方，養生環保鬥士對身體及心靈養生的需求勢必會招致訕笑。法國一向對於這些他擇性的扭捏作態相當感冒，長久以來總認為瑜伽只不過是一種沒有水的水中有氧運動，而藜麥其實是穀類。法國人覺得養生環保鬥士很煩！後者在1990年代分別從紐約、倫敦或洛杉磯回到巴黎、里爾或里昂這些沒什麼果汁專賣店跟其他健康食堂的城市時，深感挫折。過去三、四年之間，他們倒是洋洋得意：他們可以在「素食城」找到最愛的酪梨吐司，這塊位於漁船郊區街（Faubourg Poissonnière）與天堂街（rue de Paradis）的區域，「végan」（純素主義）餐廳與有機小店如雨後春筍般蓬勃生長。

大城市的孩子以為魚捕來就是冷凍好、切成方形並裹上炸粉，令他們的父母很沮喪，也因而認為養生環保鬥士的慢生活藝術有其必要。他們開始享用更好的事物，在法國這個福地樂土上也比其他地方更容易。什麼都考不倒他們：魯西隆（Roussillon）地區無化學處理的杏仁、普羅旺斯的有機螺旋藻、巴黎地區釀製的啤酒，或是所有其他在地食材（有認證的）。在兩次催眠或自然療法的空檔，他們喜歡騎腳踏車去拿每週一次的訂購「當季蔬菜」籃，這是他們的「親愛的」在聖誕節時送的充滿綠意的禮物，但他們還是會默默地想：「天啊！怎麼又有菊芋！」

在精力充沛地實行過慢跑、健身、水中有氧、皮拉提斯之後，養生環保鬥士現在與大部分已開發國家的同儕一樣，成群結隊練習瑜伽，用「因果」來增加肌肉。在IG上很難漏掉瑜伽新手的最新貼文，每張照片都帶著入迷的神情。如果，也像經常發生的那樣，照片上還附帶一個小傢伙模仿媽媽做瑜伽，那按讚數絕對暴增！前身是記者或模特兒的法國網紅，比如聰慧的安・諾葉蜜・比昂琪（Anne Noémie Bianchi）或卡侯琳・貝內仁（Caroline Bénézet），就定時在媒體上發表她們的瑜伽戒律。當然也有很受歡迎的瑜伽場地，就是熱門的Tigre Yoga Club（老虎瑜伽俱樂部）。呼！養生環保鬥士再也不用

禪謬斯

ALEXANDRE JOLLIEN
亞力山大・喬連安
MATTHIEU RICARD
馬修・李卡德
CHRISTOPHE ANDRÉ
克里斯多福・安得烈
他們教導養生環保鬥士如何以哲學思考處理塞車、罷工跟岳母或婆婆的問題，而不須精神崩潰。

美食謬斯

ALAIN PASSARD
亞蘭・帕薩
為了利用自家菜園的蔬菜，這位l'Arpège（琶音）的星級主廚自2001年就將紅肉料理從餐廳菜單上移除。起初雖被恥笑，現在卻以其先鋒素食主義而令人稱道。

千里迢迢搭飛機去埋頭苦學昆達里尼瑜伽（kundalini）了！

　　有組織地掠奪地球資源當然會讓養生環保鬥士怒火中燒：他們不惜做出瘋狂的行為，只為取得無可非議且系出正統的物品。升級再造——喔！那些用復古酒瓶底改造的玻璃杯！（法國製造）啊！那些卡爾卡松（Carcassonne）麻纖維提包！（低科技）玩木製小玩具車也太可愛了！全球化的任何東西都不是他們的菜，「獨一無二」的才美！比起生態學，養生環保鬥士更注重「自我論」（égologie），不過既然他們讓利穆讚（Limousin）的樵夫行業再次活絡，我們也沒什麼好責怪的。養生環保鬥士的穿著都是法國年輕設計師的永續風格，對公平貿易具靈敏度，又不致太過度。天然纖維很好沒錯，但我們又不住在荒地聖母鎮（Notre-Dame-des-Landes）的「緩衝管理區」（ZAD）。養生環保鬥士想改用植物性皮革，但沒辦法放棄烤雞。實際上，他們對時尚的興趣也不過爾爾。他們更傾向於把錢花在「生態負責」形式的假期，例如睡在阿爾代什（Ardèche）蒙古包內並享受能減輕壓力的乾草浴療法。或是在奧布拉克旅居，行程包含與「原始烹飪風格」（paléo）的主廚一起摘野菜，也能讓養生環保鬥士十分激動。他們也重塑家人健康，遠離萬惡的懸浮微粒，更重要的是建立良好的菜園。他們家皈依了「零廢棄」理念的青少年也嘗試說服他們，「為了地球好」，一週只洗一次澡，但沒有成功。如果父母沒有準備一堆玻璃罐就去有機市場，大一點的孩子還會教訓他們，即使他們從來沒有陪父母去過市場。至於，已經會分辨克里米亞黑番茄（noire de Crimée）跟安地斯角番茄（cornue des andes）有什麼不同的小鬼頭，幾乎跟早熟的鋼琴天才一樣，讓父母覺得超有成就感！

MIEUX VAUT LE SAVOIR... 不可不知

環保鬥士在法國推動的三項文化革命

Se plaindre de ses problèmes de tuyauterie en société
公開抱怨自己的腸道問題

沒多久之前，提起自己身上的小病痛還會惹人嫌。尤其當別人問候「您好嗎？」的時候，通常只要回答「很好，您呢？」就夠了。然而，環保鬥士身上層出不窮的過敏與不耐症（往往是無病呻吟）卻完全顛覆了這項潛規則。鉅細靡遺地報告乳糖讓你有多不舒服或麩質會讓你脹氣這類腸胃近況，竟然成了流行。更妙的是，現在似乎還讓眾人大感興趣。

Faire des caprices à table
在餐桌上撒嬌任性

環保鬥士飲食的選擇有時很激進：只吃生食、不吃肉、不吃乳製品、不吃含麩質類、可以吃一點肉，只要不是哺乳類，也違反了老祖宗傳下來的禮儀。在法國，只要是超過兩歲以上的人，就得什麼都吃，不能歸咎自己的喜好或厭惡。現在社會上則完全可以接受反面教材。因此，安排外食變得相當棘手。

Ringardiser la voiture
揚棄汽車潮流

汽車對法國人來說，曾有很長一段時間是自由之源，甚至令人躊躇滿志（如果愛車很美又夠勁），畢竟法國人也屬於對駕馭感到血脈賁張的拉丁民族。不過環保鬥士粉碎了這個神話：擁車是不文明的，獨自駕車出行更幾乎是危害全人類的罪行！如果需要搬運東西或年邁的父母呢？不管！不可原諒。

PLUTÔT MOURIR QU'(E)... 寧死也不

讓別人來操作榨汁機

將洗衣服的無患子換成效果更好的洗衣精

在餐桌上吃到飼料雞

用刮傷的鐵氟龍平底鍋煎蛋

每天喝的黃金奶中缺了薑黃

錯過住家附近的一年一度閣樓清倉

承認使用節能燈其實什麼都看不清楚

搭十二小時的飛機到椰子樹下無所事事

錯過瑜伽俱樂部週末的銅鑼音療

讓H&M的T恤進家門

購買尼羅河產的鱸魚或肯亞的玫瑰花

承認最近剛換新手機

LE FILGOUD... ARTISAN DU NOUVEAU RETOUR À LA TERRE

環保鬥士：擁抱大地的信徒

　　在法國經常嘲笑嬉皮是「巴巴酷」（babas cools），就是那些1970年代留著長髮穿著山羊皮大衣的烏托邦主義者，他們定居在拉爾扎克高原（plateau du Larzac）上看羊。透過養生環保鬥士，他們的追隨者也日益增多了。

園丁王子

　　瑪麗‧安東尼皇后常被責怪興建全新農舍只為扮演農婦，還把山羊繫上緞帶並為豬做髮型，其實，法國史書將她視為沒大腦的女人是錯誤的。眾多養生環保鬥士是否為了洗刷其冤情，因而紛紛成為菜農界的大人物？路易‧阿爾貝‧德布羅意（Louis-Albert de Broglie，請記得Broglie發音是「布羅意」而非「布羅格利」）創立了雅致傳統兼具的園藝品牌「LES PRINCES JARDINIERS」（園丁王子），同時也是杜杭大區（Touraine）布爾黛西埃爾城堡（Château de la Bourdaisière）的主人。他可不甘於只能維修城堡的屋頂！他創立了國立番茄學院（Conservatoire national de la Tomate，在他的番茄酒吧裡可以品嚐七百種的古老番茄，也在9月的同名節慶上銷售），還擁有一個由馬克欣‧德‧侯斯托隆（Maxime de Rostolan）輔導栽培的永續農法菜園。而在布列塔尼克爾巴斯蒂克莊園（Domaine de Kerbastic）的波莉妮雅克公主，在世時也不落人後。這位於2017年離世的高傲七旬老人，曾是法國生態農業首屈一指的魅力人物皮耶爾‧拉比（Pierre Rahbi）的摯友，皮耶爾的註冊標誌是涼鞋加草帽。優雅貴族系的瓦隆婷‧德‧佳內（Valentine de Ganay）是作家也是傑出的農民，她的庫宏斯城堡（Château de Courances），位於巴黎大區加蒂奈（Gâtinais），占地五百公頃，現在為巴黎許多標榜在地食材的餐廳與商店提供蔬菜，與主廚Yannick Alléno創立的「Terroirs d'Avenir」（未來風土）社團一樣受歡迎。還有番茄合作社（Tomato & Co）這個應用軟體能讓顧客租下一方菜園，並從遠端追蹤菜園生長進度。

新農民

　　他們擁有極高學歷，通常也非常融入社會，卻覺得生活空泛無意義，以至放棄如航空機長等高薪工作，轉換跑道成為菜農。這些前高階主管找到不再參與風險規劃的方法：回歸大地並將其翻轉！只不過現在是必須尊重的大地：「要改變社會就先抓住它的

森林謬斯

ERNST ZÜRCHER
恩斯特‧祖徹
《樹：在看得見與看不見之間》（Les Arbres entre visible et invisible）一書的作者，深吸一口腐植土帶來的幸福，擁抱樹幹，找出松果的黃金比例。而這些都比世界級的暢銷書《樹木祕密的一生》（La Vie secrète des arbres）還要早！

水中謬斯

MAUD FONTENOY
莫德‧豐特努瓦
征服海洋的航海家，現在為了保護海洋而奮戰。

俯瞰謬斯

YANN ARTHUS-BERTRAND
楊‧亞祖－貝彤
從上到下，拍遍地球各角度的藝術家，以此證明他對地球的愛。

BIARRITZ
比亞里茨實驗室

高度重視海洋保護，專門製造不汙染海洋的防晒產品，他們發明了專為冒險者設計的洗濯粉「Nomas」，100％可生物分解，100％方便，也100％聰明，完全不占背包空間也能節約用水。

laboratoires-biarritz.fr

CORSICA BEAUTY
科晢佳美妝

一對姊妹在2014年5月創立了美妝網站，提供各種科西嘉島最好的美妝產品：山羊奶保濕霜（AFUGHJINA）、香桃木去角質面膜（REALIA）和枸橼與蠟菊修復油（SCENTSEAS），或柑橘香皂（NEBBIU）。讓浴室飄散科西嘉叢林的清香。

corsicabeauty.com

胃」這種看法，在法國正逐漸當道！

歷經幾十年的垃圾食品與過度消費之後，有人決定挽起袖子做點改變。這些新農民重返校園（通常是體制外）：他們在那裡學習耕種，而不需要穿著太空裝往土地裡噴灑化學產品。這些注重空氣品質與社區連結的革新農民，越來越少被冷嘲熱諷。也因此，各大化工集團都不遺餘力地打擊這些使用植物浸劑、昆蟲、蚯蚓、甚至音樂來取代硝酸鹽、化肥與殺蟲劑的危險異端邪說分子。至於已經忘記從前不管鋤地、鋤草或翻土都不需要下毒的傳統農民，則納悶地、平靜地觀察著這些拒絕使用硫酸鹽的人，有時還被說服（多棒的勝利！）使用他們的耕種方法。對於這些謙虛又極有社會責任的英雄來說，革命不再只是「道路之下是沙灘！」（Sous les pavés, la plage！）這種口號，而是一柄鋤頭（與永續農法）！他們也逐漸成為紀錄片與大眾書籍的風雲人物。西里爾・迪翁（Cyril Dion）與梅蘭妮・蘿虹（Mélanie Laurent）的電影《明天》（*Tomorrow*），以及加斯帕・達倫（Gaspard d'Allens）與綠希・勒克蕾（Lucile Leclair）的隨筆書籍《新農民》（*Les Néo-Paysans*），兩者都獲得廣大迴響，描述的正是這些運用森林語言的冒險家，現在他們也有了最愛的魅力雜誌《Regain》（復生）。

BOURUS農村布波

這個詞來自費德里克・貝格岱（Frédéric Beigbeder）自嘲的用語，形容養生環保潮流當中最沒膽量的玩家，意即還有點布爾喬亞的姿態，卻又不完全是鄉下人。他們很樂意離開城市，天真爛漫地「耕耘自己的花園」，但不太想沾手任何肥料。他們請人興建非常精巧、內建太陽能發電板的生態住宅，或是更厲害的，利用回收貨櫃箱組成未來風格的被動節能建築。他們的孩子都貼著有機標籤，以穀物餵養並在戶外長大，整天不須靠近電腦就能玩得很開心。畢竟，和朋友一起盪秋千、跳水坑、追母雞，比一個人玩PlayStation有趣多了。尤其當網路連不上而氣得跳腳的時候。

都會農夫

這些聰明的小傢伙成功地結合了機能性（城市）與舒適性（鄉村），將地下停車場變成養菇場，建築的牆變成植栽牆，屋頂則成為菜園。La Caverne（洞穴）是巴黎第一個有機農場，在巴黎人的腳下栽植平菇、松茸與菊苣，而且當然是以腳踏車送貨！而備受讚譽的新創公司Agricool（酷農）則在街道的貨櫃裡種草莓。拜這些先鋒之賜，水泥地也逐漸有了綠意。東京宮的Les Grands Verres（大玻璃杯）餐廳或Sur Mesure（量身打造）餐廳——文華東方飯店主廚Thierry Marx自己的餐廳；還有一堆其他餐館，都有自己的香草或蔬菜種植園。在巴黎的公寓裡，蘑菇也能開心地在咖啡渣上生長，這都要歸功於Prêt à Pousser（準備發芽）新創公司。而這一切都還只是剛剛開始。

養生環保鬥士的植物系保養之道

由於擔心保養品以巧妙名稱掩飾有毒成分，養生環保鬥士逐漸採用天然的美容用品。雖然一開始還是有人嗤之以鼻——說實話，蜂蜜面膜或是山羊奶乳霜比較會令人想到Raymond Oliver（1970年代的名廚）的精緻食譜，而非忙碌都會女郎的美容霜。而現今，使用天然成分保養品來刷牙、擦臉、亮膚、去角質、或是嚇阻皺紋，都是最時尚的行為，令人放心的環保意識。

BERTHE GUILHEM貝特基廉

在這裡，以滋潤保濕著稱的山羊奶才是重頭戲！據說對抗痘痘與濕疹也很有效。有乳膏、乳霜、香皂，讓你再也不抱怨皮膚癢或太緊繃。

bertheguilhem-cosmetique.com

APOLDINE 雅波婷

年輕時髦的品牌，主打植物學派美妝，效果極為出色，也毫無安全疑慮。嬰兒護理系列已經成為環保養生母親們最崇尚的產品。至於以復古藥劑美學為靈感的瓶罐，也是裝飾浴室的好物。

apoldine.com

LA COMPAGNIE DE PROVENCE 普羅旺斯公司

是第一家販售老牌馬賽香皂液體版的公司，接著又推出皂絲版。從那之後，也開始擴展到護理保養與美妝產品，簡單、自然、有效、而且始終以優雅高尚的設計包裝呈現。

compagniedeprovence.com

LA LISTE FILGOUD
養生環保鬥士必買清單

絕對「親切」與「友好」的精選清單，讓您到處如魚得水般自在。

① LE BRACELET À MANTRA
咒語手環

　　手環已經無孔不入，而且絕對要戴一大串（不可以少於五個）。復古布爾喬亞會戴上刻著孩子名字的Arthus Bertrand墜鍊手環跟Jean Dinh Van的手鍊。搖滾風格墜飾（鑲有水鑽的可愛小骷顱頭）與巴西護身符手環則在現代布爾喬亞的手腕定居。而養生環保鬥士則偏愛展現豐富生命內在的屬性。二十一世紀過了將近三分之一，現在養生環保鬥士希望呈現從容泰然的女孩形象，於己於人類都充滿慈愛之心。咒語手環的時代，正面訊息的信使。精細手鍊的彼端絮絮私語著「Hope」（希望）、「Amour」（愛情）、「Joy」（歡愉）、「Paix」（和平），不過這一切都不妨礙他們在開車去看植物療法專家的路上，偶爾爆個粗口。

代表性品牌：**MIMILAMOUR咪咪愛情**

　　由傑哈・古東（Gérard Gourdon）創立的巴黎製造年輕品牌，經營著一家結合了工坊的專賣店，並且恰如其名。這位活潑的大鬍子是樂觀訊息手鍊的精神領袖，他的格言「不得不說我愛你」出現在他設計的珠寶首飾、T恤、IG個人首頁、甚至時裝週時期巴黎的牆壁上！

mimilamour.com

 明星商品
金黃銅材質手鍊款式，題標「#saimer」（相愛）、「#sepanouir」（喜悅）、「#sourire」（微笑）等受到熱烈歡迎！常常被搶購一空，必須時時上官網注意最新動態。

② *LE BOCAL DE CONSERVE*
保鮮罐

一排排五顏六色的罐子：番茄、四季豆或乳酸發酵甜菜，陳列在食物儲藏室的架子上，讓養生環保鬥士心花怒放。自從1795年左右糖果師傅Nicolas Appert發現了殺菌罐頭的原理後，這門家常藝術已經有了長足的發展。隨著加上蓋子和橡膠墊圈的玻璃瓶問世，變得更安全了（中毒的案例並非少見），在二十世紀上半葉，這種工藝也進入了有菜園的房子。在一個喜歡買罐頭或冷凍食品的現代化時代，自製的玻璃罐食品以其天然性（無添加劑）和DIY的樂趣，又大行其道。超時尚！

代表性品牌：LE PARFAIT完美

1930年代誕生於漢斯（Reims）的品牌，現在移到奧維涅（Auvergne）的村莊繼續生產。始終是法國製造的知名保鮮罐。以前在所有的村莊的藥品雜貨店都有它的蹤影，這些復古設計（啊！尤其是玻璃罐上LE PARFAIT的手寫字圖案）的奇蹟品是法國人家庭神話的一部分。每一個人，都曾在生命中的某一個時候，奮力地想打開一罐鵝肝醬，像瘋子一樣拉住玻璃罐的橘色舌狀物，直到「剝」一聲才解放。

leparfait.fr

 明星商品
經典的一公升型號「Parfait Super」（超完美），新型橡膠墊圈有兩個舌狀物，更方便打開。（如果你做的真的是罐頭！）不然，他們還有適合田野風格花束的迷人花瓶，「Parfait」（完美），能營造波西米亞時尚的家居風味。

③ *LA TISANE* 藥草飲

有益健康的植物浸泡飲來自德魯伊教祭司。然而，高盧人長期將它歸類為給無病呻吟的老處女喝的飲料，或者對於熱衷草藥的祖母來說，是與她們的高齡相稱的飲料。總之，草本茶以前不怎麼迷人；而且在城市裡，當晚餐結束，女主人讓大家輪流傳遞她的「靜謐夜晚」草本茶盒時，大家還會哄然大笑。言下之意有點不堪，而現在，局勢逆轉了！只有怒氣沖沖的瘋子（就是那些被大家趕到陽臺抽菸的人）才會要求來杯咖啡或亞文邑白蘭地（Armagnac）。其他的人都興高采烈地接受一杯蜜蜂草或松芽草本茶。

代表性品牌：LES DEUX MARMOTTES
兩隻土撥鼠

誕生於1970年代阿爾卑斯山區的品牌，完美呈現「恢復元氣」的法國草本茶。曾一度被貶至薩瓦地區（Savoyarde）滑雪場的小超商，現在則四處可見其復古時尚的包裝以及令人會心一笑的名稱。
les2marmottes.fr

明星商品
以具有排水腫與利尿功效的櫻桃梗為原料的「Peace Mémé」（和平祖母），望文生義：「Peace」音同「piss」（尿）！

④ *LE GRÈS DE CUISINE* 粗陶廚具

卡其色或土黃色的陶製奶油缽、酒壺、陶罐、酸黃瓜盅……法國家庭裡的經典容器，於慢食風潮中找到了第二春。十九世紀末，在布根第的「陶瓷之谷」，粗陶工業欣欣向榮。穩定不會變質，又堅固耐用的琺瑯彩陶被視為烹飪、保存或清洗食物的理想之選。之後它遇過上千個更現代化，但不一定能與之爭鋒的對手。如今的low-tech（低科技）愛好者又重新在概念商店選購粗陶器具，宛如昔日在藥品雜貨店的情景。

代表性品牌：
**LA MANUFACTURE DE DIGOIN
迪谷安製造廠**

成立於1875年的家族企業，位於帕萊勒蒙尼亞勒（Paray-le-Monial）附近，一百四十年來致力製造耐用及「耐人尋味」的日常器具。對於製醋廠來說，或許是莫大的榮耀，但自2014年巧妙起死回生之後，其廚具的真實不偽再度吸引大眾，讓他們在這種不矯揉造作的家居美學中認可自己。

manufacturededigoin.com

明星商品
「向房子根源致敬，MD 1875」系列的水罐，造型自誕生以來一直沒有改變，但時尚的鵝黃色或靛藍色讓人感覺很舒服！

⑤ *LE K-WAY* 風衣夾克

　　1965年誕生於法國北部的K-WAY，是嬰兒潮一代人熟知的著名尼龍風衣，也是戶外活動的實用好朋友。這款風衣夾克的靈感來自布列塔尼漁民的水手服，像摺紙一樣可以摺疊，輕如羽毛，天氣好的時候可以收納在一個香蕉型小口袋裡，徹底掀起雨衣革命。為了吸引年輕客群而取了一個聽起來像很美式的名字：K-WAY。在游移不定的起步後，銷量呈現爆炸式增長，二十五年之間全球銷量超過四千萬件。蘇菲‧瑪索14歲時，在1980年代經典電影《第一次接觸》（*La Boum*）中穿著一件深藍K-WAY，征服了法國人的心。2006年，人氣喜劇演員丹尼‧伯恩（Dany Boon）與K-WAY共同主演了一齣舞臺劇，句中丹尼‧伯恩挪揄自己的「K-WAY歲月」。常常被複製模仿，從未迎頭趕上，K-WAY的名氣大到被拉魯斯字典（Larousse）收錄。在經歷各種風風雨雨之後，近年來，它又回到了成功大道。Marc Jacobs於2011年重新詮釋K-WAY，Colette也為K-WAY增添後盾，還與PETIT BATEAU等知名品牌合作推出聯名商品，如今再次取得行家更衣室的一席之地，與AIGLE靴子和LAFONT吊帶褲平起平坐。

k-way.fr

 明星商品
經典的「Vrai Claude」（真實克勞德），採用棉、尼龍混紡Rip-Stop布料，熱焊接縫。真正的抗寒設計！

⑥ SOPHIE LA GIRAFE 長頸鹿蘇菲

　　銷量超過五千萬的寶寶明星玩具，為了成為嬰兒固齒磨牙的終極武器而誕生，能啟發寶寶的五感，藏在裡面的啾啾發聲器取悅了好幾個世代的人。1960年代的設計和近乎手工的製造（超過14道手工程序）讓它始終是所有法國家庭的寵兒。蘇菲的質樸和無毒的天然橡膠對年輕的養生環保父母特別有吸引力，他們總是擔心嬰兒內分泌受到干擾。這個小動物玩具，誕生於1961年5月25日，剛好是聖人蘇菲的紀念日。由家族企業Vulli在薩瓦地區製造，毫不費力就能打臉中國製造的廉價品。

sophielagirafe.fr

明星商品
原版蘇菲長頸鹿，不用瞧那些明顯沒什麼說服力的衍生產品。

LE FILGOUD GOURMAND
養生環保鬥士美食家

在所有法蘭西家族裡，養生環保鬥士的飲食是最國際化的。十年前，羽衣甘藍、藍綠藻及南瓜籽尚未進入法國飲食清單！養生環保鬥士很知道「讓維欽托利（Vercingétorix）的歸維欽托利」[1]。在法國有一個悠久而健康的農民傳統，接著流傳到都市，就是肉湯（最早的大眾餐館就叫「bouillons」，肉湯）和蔬菜湯——當然要加一點新鮮奶油，而且維生素A對皮膚很有好處！在經過相當時間的汙名化（奶奶都喝蔬菜湯，肉湯則會造成肝臟危機）之後，這兩道法式排毒的基石重新在節慶或家庭的菜單上占有一席之地。所有廚師（包括巴黎）都會在菜單上放個一道肉湯或／及蔬菜湯。傑出的主廚William Ledeuil，曾寫過專門探討這個主題的書，也讓他的Kitchen Ter（re）餐廳號稱是時髦與精緻湯品的冠軍。

譯註1：Vercingétorix，高盧阿維爾尼人的部落首領，曾領導高盧人對羅馬統治的最後反抗。句型來自聖經：「凱撒的歸凱撒，上帝的歸上帝。」

熱門網站

CHIC DES PLANTES植物的優美
百分百有機的袋裝湯品，「從土地直達湯碗」，用各種形式的沖泡飲品讓健康風格的女孩兒溫暖一整年。

「Enraciné」（根深蒂固）、「Robuste」（結實健壯）和「Effeuillé」（摘葉）是對於綠茶潮流橫行的一點法式回應。還可以加入會員，以便每月收到最新創意湯品。

chicdesplantes.fr

維奇濃湯（Vichyssoise Revisitée）變奏版：養生環保鬥士的食譜

　　道冷湯是法國的經典之作，如果蔬菜是有機的，並用橄欖油與椰奶取代歷史性的命運雙人組：奶油和鮮奶油（至少為了無乳糖飲食者），就能所向披靡。

→ 300g韭蔥蔥白
→ 600g適合做薯泥的馬鈴薯
→ 1.5L水
→ 一點橄欖油與椰奶
→ 細葉芹（Cerfeuil）

作法：
❶ 蔬菜削皮並洗淨。
❷ 將韭蔥蔥白切碎，放入鍋中以橄欖油炒至出汁。
❸ 加入冷水。
❹ 加入馬鈴薯，用鹽調味。蓋上鍋蓋煮十五分鐘。
❺ 用調理機完全打碎。加入一大匙椰奶。
❻ 湯冷卻之後放入冰箱冰鎮（讓它冷得徹底）後，才能端上桌。
❼ 上桌前再撒上細葉芹碎末。
❽ 接受眾人感動的喝采。

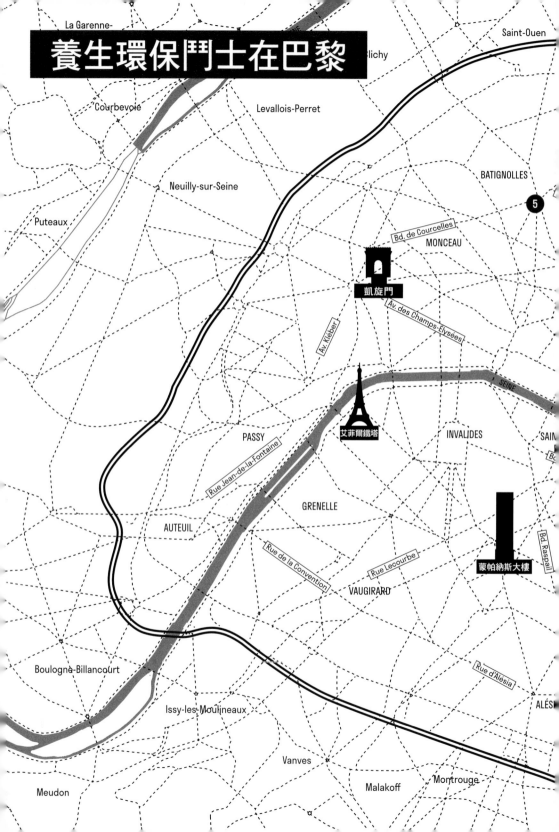

養生環保鬥士在巴黎

凱旋門

艾菲爾鐵塔

蒙帕納斯大樓

La Garenne-
Saint-Ouen
lichy
Courbevoie
Levallois-Perret
BATIGNOLLES
Neuilly-sur-Seine
5
Puteaux
Bd. de Courcelles
MONCEAU
Av. des Champs-Elysées
Av. Kléber
SEINE
PASSY
INVALIDES
SAIN
Rue Jean-de-la-Fontaine
Bd
GRENELLE
AUTEUIL
Bd. Raspail
Rue de la Convention
Rue Lecourbe
VAUGIRARD
Rue d'Alésia
Boulogne-Billancourt
ALÉS
Issy-les-Moulineaux
Vanves
Montrouge
Meudon
Malakoff

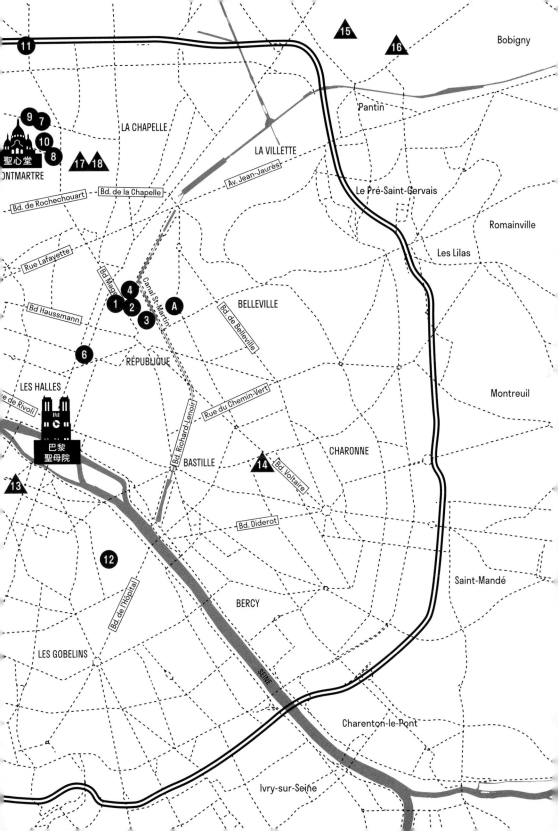

養生環保鬥士的起源地

養生環保鬥士於1990年代定居於聖瑪丹運河（canal Saint-Martin）畔，此區有鋪著石頭的河堤、橫跨運河的橋以及船閘，形成了清新的都會景觀，其水上風光在巴黎相當令人耳目一新。養生環保鬥士早在公共單車Vélib'（自由單車）侵襲巴黎之前，就開始在運河邊騎單車往來。他們也一直以來都在街頭釣魚（城市裡的真正特權），這個都會釣魚的地點在運河上，靠近黑格雷船塢（bassin des Récollets），導演馬賽爾‧卡爾內 （Marcel Carné）珍愛的《北方旅館》（*Hôtel du Nord*）取景建築附近。養生環保鬥士特別喜愛巴黎此區的歷史，這裡河道交匯口的交通幾乎與十九世紀中期的勒哈佛爾港（Le port du Havre）一樣繁忙。聖瑪丹運河在龐畢度總統時期，躲過被改建為快速道路的瘋狂計畫，他們也為其額手稱慶——這是對抗柏油路的勝利！養生環保鬥士很早就建立了共享花園：例如一定要去參觀的，位於巴黎第十區黑格雷街（rue des Récollets）6號的「伶俐韭蔥花園」（Poireau Agile），那裡有將近一百五十種植物。養生環保鬥士也非常自豪認識「素食地帶」（Veggiestan）的先鋒，這裡是巴黎第一批秀色可餐的素食餐廳誕生之處。2007年開幕的Sol Semilla是法國有機能量食物的專家，也是養生環保鬥士的寵兒。現在該地區被當地居民改名為「聖瑪丹村」（village Saint-Martin），還發行自己的觀光指南（Michel Lagarde出版社，有英法雙語）；陽光明媚的日子裡，運河邊的酷帥露天雅座、時髦頂尖的各色店鋪以及藝廊，在在吸引闔家大小或年輕族群來此度過真正的週末悠閒時光，享受清新空氣。

舉個例：

1 **LE BICHAT比夏**
親切的食堂，是巴黎第一個以碗作為食物計量單位的餐廳！他們的食物標榜有機、自製、絕對健康，是附近新創公司青年才俊的基準餐廳。

11, rue Bichat, 75010 Paris
09 54 27 68 97
lebichat.fr

養生環保鬥士新動線

養生環保鬥士喜歡走路去購物。他們心愛的聖瑪丹運河地區周邊已經像雞蛋（有機的）一樣飽和，所以他們新的活動範圍更接近共和國廣場（place de la République）！在很短的時間內，位於第十區最時髦的水塔街（Rue du Château-d'Eau）和其周邊就成了最受歡迎的地方。對於那些想在尖端與混搭家居裝飾店、素食相容餐廳、黑膠唱片店、食品店和個性小店之間磨蹭的人來說，這裡猶如黃金國度。這條新動線沒有什麼時尚或瘋狂的文化！對於那些堅持歷史洗禮的人來說，當然還是有一箭之遙的宏偉黑格雷修道院（couvent des Récollets）可滿足需求。

但這裡的氛圍更像是一場生活風格的漫步，充滿誘惑的邂逅：當地的新興商家喜歡聊他們的商品（和他們的生活）！一小塊真正的巴黎，現代又酷炫。

① LA RUE DU CHÂTEAU-D'EAU水塔街

3號→LA BOURSE DU TRAVAIL勞工聯合會：一座十九世紀的宏偉建築，讓我們想起了該地區過去的工會積極活動，Répu（共和國廣場的簡稱）仍然是示威抗議的聖地。
01 44 84 50 21
boursedutravail-paris.fr

6號→ATELIER COURONNES王冠作坊：這家小而自命不凡（價格非常合理）的概念店將店裡自製的珠寶與巴黎皮件、文具、陶瓷和蠟燭等年輕品牌結合起來。
01 40 37 03 54
atelier-couronnes.com

11號→TRÉSORERIE金庫：氣氛明顯改變！家居藝術的精粹，「法國或歐洲製造」的復古時尚潮流，齊聚在一個老……呃，稅務局。附設的小咖啡館很精緻。
01 40 40 20 46
latresorerie.fr

15號→POMPON BAZAR絨球百貨：其創始人柯琳（Corine）熱情如火地描述她精選的物品、地毯和乾燥花。她說得沒錯：她以敏銳的眼光挑選了法國、非洲或亞洲最好的商品。
01 83 89 03 66
pomponbazar.com

16~18號→LES RÉSISTANTS抗戰分子：顧名思義，是一家抵制工業食品的餐廳，以直接來自生產者的產品製作美食。在超禪意的叢林裝飾中享用的早午餐極富傳奇性，讓忠實顧客趨之若鶩。
01 77 32 77 61
lesresistants.fr

24號→H24：絲質印花睡衣，CLARIS VIROT的提包，以及充滿迷人植物的小百貨集市，猶如珍奇屋。
06 64 88 22 46

28號→MAMAMUSHI：薩滿風格（真的！）的倫理品牌，以工作服為靈感，但更有魅力的拉鍊連身裝令人驚喜。也有屬於男孩的商品區。
01 40 34 36 07
mamamushi.com

29號→CHICHE吝嗇：親切的素食小館，汲取自以色列的靈感讓餐盤食物格外秀色可餐。
01 42 00 96 14
chicheparis.fr

30號→ASBYAS：由巴黎一位熱愛法國與南非的混搭設計與美妝的「非洲學家」一手主導，令人驚豔的百貨店。
asbyas.fr

② RUE DE LANCRY朗克希路

23號→FINE上等：義大利風格的外賣餐點非常可口，精選的法國有機商品也令人雀躍。店裡總是有一位蘋果汁或魚肉醬的生產者舉辦產品試吃。
09 81 75 22 76

25號→HOUSE OF THREE BROTHERS三兄弟工坊：前服裝設計師Mirko轉行賣療癒美食的地盤，是附近鄰里團聚的地點。分量十足的濃湯、沙拉、甜點、果醬、蛋糕，小小食堂也設計感十足。
01 80 06 14 11
houseofthreebrothers.com

38號→VIANDE & CHEF肉與主廚：創意肉鋪，自製的白火腿或風乾肉製品相互爭鋒。如果養生環保鬥士偶爾還是肉食性，一定要吃「生前過得很快樂的動物」。這裡的搖滾風格年輕屠夫都是邊工作邊聽「臉部特寫合唱團」（Talking Heads）。週末的「香腸教室」非常受歡迎。
09 81 87 01 30

③ RUE YVES-TOUDIC依夫圖蒂克街

22號→HORTICUS歐爾帝酷：這位詩意盎然的花藝師，還收集以前婚禮上常見的古老水晶花瓶。回收利用，有益減碳。

25號→ESPACE MODEM 魔電藝術中心：前身為熱氣球工廠，現在是文化活動中心，從藝術展到時裝秀都有。光是場地本身就非常值得造訪。
01 48 87 08 18
modemonline.com

34號→DU PAIN ET DES IDÉES麵包與點子：原址為十九世紀的烘焙坊，華麗變身為令人膜拜的現代麵包店，蝸牛葡萄乾甜麵包令人食指大動。
01 42 40 44 52
dupainetdesidees.com

37號→MACON & LESQUOY瑪孔&萊絲葵：面對手工刺繡的胸針，一定要保持冷靜。在翻領上縫一隻巨大的怪物或幾棵可愛的小蔬菜能營造養生環保鬥士的最佳風格。不過，也還有很多其他圖案。
09 80 74 11 53
maconetlesquoy.com

④ GREEN FACTORY綠工廠
年輕的植物學家設計了各種玻璃花園，極有設計感的培養罐裡有令人驚嘆的生態系統，幾乎自給自足（感謝光合作用和水流循環）。取代稍縱即逝花束的永續選擇。
17, rue Lucien Sampaix, 75010 Paris
01 74 64 56 15
greenfactory.fr

綠色生活最佳去處：
較零散但一樣不可或缺的名單
⑤ GRANDE HERBORISTERIE大草藥店
克利希廣場（Place de Clichy）扮演復古風植物學家。Grande Herboristerie誕生於1880年，是歐洲最古老的草藥店之一。超過九百種的大宗植物及養生配方讓人徹底沐浴草本幸福時光中。提供睿智忠告，十九世紀裝潢相當壯觀。
87, rue d'Amsterdam, 75008 Paris
01 48 74 83 92

⑥ HÔTEL NATIONAL DES ARTS ET MÉTIERS 國立工藝學院飯店
來這兒的附設酒吧來杯知名的「Herbarium」（植物標本）調酒。調酒帥以植物、鮮花和香料為基底提煉出十九種香味，並邀請你以香水試紙聞香，接著用杯子全神貫注地品嚐。綠色也是可以狂歡的！喝杯自然（不是自然酒）。
243, rue Saint-Martin, 75003 Paris
01 80 97 22 80
hotelnational.paris

喝一杯永續咖啡。百分之百有機的現代化素食餐廳，原址以前是肉鋪（好笑吧？）附近地理環境說明了這個轉變的理由：小酒館美食、家居裝飾或花藝，能做的事情還不少。

⑦ L'ABATTOIR VÉGÉTAL植物屠宰場
61, rue Ramey, 75018 Paris
01 42 57 60 62
⑧ LA TRAVERSÉE擺渡
2, rue Ramey, Paris, 75018 France
09 54 86 79 95
latraverseeparis.com
⑨ LA MANUFACTURE PARISIENNE巴黎工廠
93, rue Marcadet, 75018 Paris
01 42 64 76 29
lamanufactureparisienne.fr
⑩ MÉMÉ DANS LES ORTIES蕁麻裡的姥姥
12, rue Ramey, 75018 Paris
09 72 43 14 37

⑪ RECYCLERIE回收場
荒地、舊鐵路倉庫、郵政分揀中心和其他廢棄醫院，在等待拆遷的過程中被集體重新利用，至今仍是巴黎炙夯的時尚景點。當然，全部都是暫時性的，除了位在舊奧納諾火車站的Recyclerie複合餐廳。這裡是使用在地食材的雜貨店與食堂，也在鐵軌上舉辦素食舞會，還有居家修繕工坊、菜園跟其他吸引養生環保鬥士的活動，天氣好的時候非常受歡迎。是同質場所當中的必訪聖地。
83, boulevard Ornano, 75018 Paris
01 42 57 58 49
larecyclerie.com

⑫ JARDIN DES PLANTES植物園
在植物園遼闊的腹地追隨法國偉大的自然主義者腳步，裡面有國家自然歷史博物館及令人瞠目結舌的自然史博物館。不能錯過有點陳舊的宏偉溫室，愛好者喜歡裡面復古的異國情調及令人懷想遠方熱帶叢林的潮濕氣息。冬天的時候，巴黎家族會來這裡讓自己感受身處異鄉的樂趣。
57, rue Cuvier, 75005 Paris
01 40 79 56 01
jardindesplantes.net

LE FILGOUD SECRET
養生環保鬥士的祕密
仁慈的機密計畫

 CHEZ LABOTÉ拉柏泰
預約專業的肌膚診斷，以百分百新鮮且人道（Cruelty-free）的藥草植物量身打造客製產品。夫復何求？
11, rue Madame, 75006 Paris
01 45 48 97 48
labote.paris

OPÉRA DE PARIS巴黎歌劇院
誰要來買一些「水泥蜂蜜」呢？在歌劇院屋頂上採收的蜂蜜，無疑是世上最別緻的蜂蜜。可以在歌劇院商店裡購買，價格也足以證明其稀有度與馳名的甘美度。還有其他的蜂蜜（目前共有七百個使用中的蜂箱）在巴黎其他歷史建築物的屋頂採收，如巴黎造幣廠（hôtel de la Monnaie）；也能在當地購買。
boutique.operadeparis.fr
lemieldeparis.com

 MANIFESTE011宣言11
純素！這是巴黎唯一完全不含羊毛或絲綢的時尚精品店。擔心這裡聚集太多梳著雷鬼頭的另類全球化主義者嗎？完全不用擔心，這裡只有時尚環保的精華品牌。兩位女性創辦人還設計了友善地球燈飾，並回收紙箱做成標籤，還以植物性墨水書寫，簡直超脫環保了！
14, rue Jean-Macé, 75011 Paris
01 56 58 21 76
manifeste.manifeste011.com

自釀啤酒
自己釀造啤酒絕對飾養生環保鬥士最喜愛的DIY活動！如果不能在行李箱裡塞幾瓶在啤酒教室精心炮製的啤酒，我們還是可以參觀巴黎最美的微型啤酒廠之一。位於龐坦（Pantin，離巴黎只有兩步路）一間舊壓縮工廠內，充滿後工業風格。在此品的啤酒絕對值得這趟舟車勞頓，其實也是順便探索「大巴黎區」的好機會，此區尚有鮮活的工人記憶，Thaddaeus Ropac畫廊也選擇這裡落腳。

 BRASSERIE LA PARISIENNE巴黎女人啤酒廠
29, rue Cartier-Bresson, 93500 Pantin
09 52 34 94 69
brasserielaparisienne.com

GALERIE THADDAEUS ROPAC PANTIN 薩德斯・侯巴克畫廊龐坦分館
69, avenue du Général-Leclerc, 93500Pantin
01 55 89 01 10
ropac.net

LA GOUTTE-D'OR金滴區
帶有迷人的舊貨市場風格的Myrha位於兩家布行與美髮美甲店之間，可以吃一碗十歐元的美味有機午餐。飯後繞到Maison Château Rouge逛逛，具社會責任感的年輕品牌逐漸站穩腳步，以非洲花布縫製的街頭風格棉T已經是經典商品。

 LE MYRHA邁哈素食坊
70, rue Myrha, 75018 Paris
09 73 21 78 43

MAISON CHÂTEAU ROUGE紅色城堡
40, rue Myrha, 75018 Paris
maison-chateaurouge.com

LE FILGOUD WEB
環保鬥士不藏私網站

一旦投入綠色環保，
能在不增加碳排放的情況下訂購喜愛的商品，還是很方便的

APIS CERAS 蜂蠟
只以天然蜂蠟製成的純手工蠟燭，散發蜂蜜芳香，裝在量身打造的美麗盒子中出售。傳說碧姬・芭杜也是忠實顧客之一。
apiscera.com

MEDECINE DOUCE 順勢療法
犒賞自己，珠寶首飾當然是加油打氣的最佳藥方！這就是瑪希・蒙托（Marie Montaud）2001 年創立品牌的初衷。全部在法國製作，部分是在馬賽路（rue de Marseille）的店鋪完工。
bijouxmedecinedouce.com

LA SEINE & MOI 塞納河與我
不可思議的高級皮草，設計宛如要登上全地球最離奇的伸展臺？這個巴黎品牌押對寶了，還獲得善待動物組織（PETA）的大獎，它為時尚名流披掛設計性十足又繽紛的單品，並且所有過程裡沒有任何動物牽涉其中。簡言之，就是不會讓人暴怒的假皮草。
laseinetmoi.com

JEANNE PARIS 珍娜巴黎
乾燥花專家設計的詩意櫥窗與壁掛裝飾征服了全世界家居家飾雜誌，不凋的花束，即使飄洋過海，也贏過浪費水的鮮花，還能延續物種。
jeanne-paris.com

LE FILGOUD EN VILLÉGIATURE
養生環保鬥士度假去
目的地：科西嘉島！

受廣大科西嘉島自然公園（Parcu di Corsica）保護的科西嘉島，是喜愛原始大自然與追求驚險刺激者最愛的遊樂場之一。徒步背包客在G20號道路（從北到南貫穿全島的神祕艱辛健行路線）上強化小腿肌肉時，穿著螢光運動服的自行車騎士正帶著受虐的幸福感，咬牙切齒地騎在攀登峰頂的蜿蜒道路上。溪降與泛舟愛好者沿著岩石滑行，狂喜地躍入冰冷的天然泳池。植物學家們則悠閒地研究著三千種植物中的隨便一種，它們誕生於兩千一百萬年前，當時科西嘉島已經獨立，脫離了歐洲大陸。至於那些擁護美得像明信片中天堂海灘的人，有著白沙河岸與綠松石色半透明河水的野生小溪絕對能讓他們耳目一新。老饕們也不落人後：當地的葡萄酒、啤酒，甚至是可樂！海膽、龍蝦、河鱒魚、栗子、枸櫞、布洛丘乳酪（Brocciu）、蜂蜜、乳酪、虎斑牛犢，當然還有遠近馳名的正統科西嘉豬肉製品，如此罕見，獻給味蕾無與倫比的饗宴。在反對強加於地中海鄰國的「都會水泥化」之後，低工業化的科西嘉島在幾年內成為有機農業的好學生。

上科西嘉

D344號道路

通往優美吉索尼村（village de Ghisoni）的古老森林道路，與英傑卡隧道（Défilé de l'Inzecca）同屬島上最壯觀的道路之一。保證目眩神迷，快來冒險！

LE SPOT DE L'ARBRE FOURCHU分岔樹

在通往急流的路上振奮精神。就在吉索尼村前面幾公里，上山時的左手邊，你一定不會錯過「分岔樹」，那個地點是村民的最愛。強烈建議穿上一雙好的健行鞋，保持平衡感，才能到達天堂般的河流，非常涼爽！

JEAN-LUC GAILLOT尚－呂克蓋優

這位高山領隊提供豐富的活動：探索湖泊、波季谷（vallée des Pozzi）健行、雷諾索山（Monte Renoso）遠足、羊棚中享用美食、在祕密激流中玩水！
06 87 85 71 93

CHEZ A STAZZONA亞斯塔佐

闔家大快朵頤：櫛瓜餅、薄荷披薩、牛軋糖冰淇淋、翻炒小牛肉、野豬肉醬⋯⋯全部由Catherine一手炮製，而其父母負責服務。Jean-Pierre總是充滿幽默感，還在對面的人行道上經營一家小雜貨店，只供應在地產品以及其兒子製作的美味豬肉製品。
Avenue de Vadina, 20227 Ghisoni
À l'entrée du village
04 95 56 00 11

PALAUMA PLAGE帕洛瑪海灘茅屋

坐落於其歐拉（Chiola）極為寧靜而且幾乎原始的海邊。以當地新鮮產品製作的美味料理、面帶微笑的服務人員、面相大海的餐桌、可在樹蔭下休息的吊床——感覺像來度假的！
Plage de Chiola, Commune de Ghisonaccia, 20240 Solaro
06 95 96 25 28
palauma.com

LEONELLI萊昂內利陶器

深藍色、綠松石色、水綠色、金棕色⋯⋯陶器的色彩光彩奪目、精緻細膩、工藝精湛。藏身柯爾泰（Corte）市中心一條狹窄小路的盡頭，窯爐和商店都對遊客開放，而陶藝家Marie也隨時樂意與遊客聊天！
4, quartier Chiostra, 20250 Corte
04 95 46 19 53

U MUNTAGNOLU精緻雜貨店

猶如阿里巴巴令人不可思議的寶穴，店主安湍・費里琵（Antoine Filippi）以熱情精挑科西嘉島產的佳餚精髓！能在此找到一些明星商品，如阿爾貝提妮農場（Albertini）的山羊生乳乳酪，橄欖油，豬肝香腸（figatellu，從11月開始預訂），檸檬甜酒（limoncellu），阿娜塔果醬（confitures Anatra），O Mà的香桃木利口酒番茄醬！還有Carole Sarossy的甜食或檸檬蛋白霜。千萬別吃，這就是「科西嘉小豬飲食」，吃了你就回不去了！
15, rue César Campinchi, 20200 Bastia
umuntagnolu.com

MARIE EN CORSE瑪麗在科西嘉

餐廳的「酒吧菸草鋪寄宿旅館」風格裝潢，猶如電影《艾蜜莉的異想世界》（Amélie Poulain），現由前女主人的姪子Pascal Orsini負責接待。這裡的麵點是義大利風格，因為曾在Michel Rostang餐廳與William Ledeuil餐廳學習的主廚，Sergio Risdonne，也是義大利人。這裡能品嚐道地的培根蛋麵（carbonara），當然沒有加法式酸奶油：行家會喜歡！還有短管麵（mezzi rigatoni），以雞蛋、胡椒、烤得恰到好處的豬頰肉丁——科西嘉產的奴斯特拉豬（nustrale）調製醬汁，還等什麼呢？

Bravone, RT 10, Linguizzetta
04-95-38-81-85
www.chezmarieencorse.fr

南科西嘉

LE FRÈRE兄弟

帝國將軍（名字被刻在凱旋門的一根柱子上）之後的阿巴圖斯（Abbatucci）兄弟熱愛美食。Henri在他的餐廳烹製精美的虎斑牛肉（島上特產），搭配頂級有機葡萄酒，兩者都是他哥哥自豪的產品。葡萄酒的帝國風格酒標上驕傲地炫示著科西嘉精神，與歐陸其他葡萄酒相比完全不遜色！

DOMAINE ABBATUCCI
Musulello, 20140 Casalabriva
04 95 74 04 55
domaine-abbatucci.com
RESTAURANT LE FRÈRE
Domaine Kiesale, Pont de Calzola, 20140 Casalabriva
04 95 24 36 30
restaurantlefrere.com

LA MAISON DES SENTEURS香氣工坊

很多產品中都有科西嘉棕櫚油：乳液、乳霜、純露或乳膏，實體及網路商店均有售。特別值得一提的是經典不朽的「Huile des boxeurs」（拳擊手油），對付瘀傷非常有效，是化妝包裡的必備品。

Salvadorajo, 20117 Ocana
04 95 23 81 88
corsicapam.com

CALARENA卡拉赫娜

穿著繽紛泳裝跳入水中，趁機將水噴濺到路過的所有人身上！這是瑪麗－綠思德侯卡．瑟哈（Marie-Luce de Rocca Serra）創立的品牌，有水連身雙面泳衣、無肩帶比基尼、墨鏡、沙龍裙、購物袋、涼鞋：為那些喜歡整天待在海灘上的人提供完美的穿搭！

12, rue du Général-Leclerc, 20137 Porto-Vecchio
04 95 21 88 39
calarena.com

CORSE ADRÉNALINE科西嘉遊船

揚帆出航玩真的，搭乘遊船能欣賞海岸線上的瑰寶：皮亞納的窄峽灣（Les Calanques de Piana）。這些粉紅色的花崗岩山體經過風、鹽和雨水的雕琢，在夕陽下呈現出令人不安的人物形狀。最高等級的玩法是租下整艘船，到一個只有船長法蘭索瓦－薩維耶（François-Xavier，出生於當地的漁民子孫）才知道的祕境野餐。

Rue de la Tour, 20115 Piana
06 23 06 44 93
07 82 59 98 08
corseadrenaline.fr

MARTELLI瑪帖利珠寶

三十年資歷的珠寶匠師，以科西嘉島的象徵物「玫瑰金」（or rouge）精緻雕琢，不只有十字架與手鍊墜飾，還有著名的手掌型護身符讓你避免遭嫉並遠離煞風景的人！上帝保佑你！

15, cours Napoléon, 20000 Ajaccio
04 95 21 70 90

CHEZ A PIGNATA琶妮亞塔家

「攀掛在高高枝幹上的樹屋」是基本款，不過也可以選擇留在踏實的地上，睡在散落於莊園的十七個房間之一，享受道地與精緻的科西嘉家居風格。這裡不提供牛排或薯條，而是典型的科西嘉美食，視當日菜園裡的蔬菜而定。自製的豬肉製品與橄欖油也來自家族的農場。

Route du Pianu, 20170 Levie
04 95 78 41 90
apignata.com

美食饕客

LES GOURME TISTOS

ÊTES-VOUS 您自認為是……

UN PEU,

BEAUCOUP,

PASSIONNÉMENT,

À LA FOLIE,

PAS DU TOUT...

有一點、還可以、我就是、
超級是、完全不是……

GOURMETISTO 美食饕客嗎？

法國佬‧幹得好！ZE FRENCH DO IT BETTER

QUIZZ 快問快答

勾選你最認同的敘述

● 跋涉一百八十公里只為一嘗令你心動的餐廳。● 你知道大頭菜與根芹菜不同。● 你把Danette優格藏在Ferme des Peupliers（白楊木農場）的後面。● 有人提到歌劇院的時候，你想到的卻是甜點。● 你就算只是做了沙拉，也大受好評。● 你的廚房裡有二十四種胡椒。● 你與豬肉攤老闆稱兄道弟，與果菜攤老闆親吻面頰。● 就算是盲飲，你也不會搞錯Vittel與Evian礦泉水。● 你為了讓道地的火腿奶油三明治重回小餐館而努力。● 你讀的烹飪書籍比偵探小說還多。● 並非只有軍隊裡才有「班長」。● 你喜歡極致的味覺體驗。● 你知道Iñaki Aizpitarte（依納基－艾斯皮塔特）的正確發音。● 你三歲的小兒子已經會吃臭氣沖天的芒斯特（Munster）乳酪了。

→ 你勾選了6到10項。你一定有深刻直覺，你是純種的美食饕客！但是到什麼程度呢？閱讀下列內容讓你更深入了解這個主題。

→ 你勾選了3到6項。你還游移不定，既自豪是美食饕客，又擔心被視為強迫症患者！本章節能讓你當機立斷。

→ 你勾選了不到2項。你是烹飪界標準的泛泛之輩。好消息是：如果你願意，仍然事有可為！

UN PEU D'HISTOIRE 來點小歷史

«Les Français sont si fiers de leurs vins qu'ils ont donné à certaines de leurs villes le nom d'un grand cru.»

Oscar Wilde

「法國人太自豪他們的葡萄酒，以至於某些城市以葡萄酒為名。」

——奧斯卡・王爾德 （Oscar Wilde）

　　美食饕客忍受了數個世紀嬉笑嘲諷；人們這樣說他們：「也太愛吃了吧！」他們自此誓言復仇，也成為令人豔羨的生活藝術先驅。

你在餐桌上，而大家正在崇敬地評論由主人親手調製的「aligot」（乳酪大蒜馬鈴薯泥）？接著一位同桌賓客以明顯激動的語氣繼續談論由一位小生產者寄給他的整串真空包裝香腸，是用庇里牛斯山區祕密畜養的小黑豬製作的？其他人則熱情洋溢地聊起「發現了一家奇特的小餐館」或「有個不可思議的肥肝市集」？杯觥交錯，賓客滔滔不絕地談論食物及食物帶來的愉悅，以及如何弄到美食的最佳方法？那就絕對沒錯！你正在美食饕客的家裡，這個極為法式的享樂主義家族最愛的就是在用餐前、用餐中、用餐後都討論「吃」！不管是哪個社會階層的法國人都喜歡大吃大喝。回想一下左拉在《酒店》（*L'Assommoir*）書中如史詩般的敘述工人的盛宴，是阿爾封斯・都德（Alphonse Daudet）的普羅旺斯小說，也是全民必讀名著，《三個耳語》（*Les Trois Messes basses*），描述一位貪嘴的神祇為了盡快吃到耶誕大餐，竟草草結束耶誕祈禱，因而受到天譴。當然也不能忘記柯蕾特的感性，她曾寫下：「如果我有兒子要結婚，我會告訴他：對於不愛葡萄酒、松露或乳酪的女人要保持戒心。」在2018年的法國，七原罪之一的「貪食」，已經成為令人欣羨的精妙標誌。貪吃與大腹便便的尊貴階級，逐漸被苗條而時髦的美食饕客取代。「愛吃，而且只想到吃」在今天是完全一種主張。我們不禁要問，是否對精緻小菜的熱情，取代了床笫之樂？新一代的美食家花很多時間（並以此為榮）去追尋手藝最高超的美食匠人，他們願意穿越整個城市去買獨特的薑黃麵包、得獎的酥皮肉醬凍，或是聞所未聞的茴香雪寶。他們的IG上充斥著美美的餐點與精緻美食雜貨店。他們知道太多餐廳與廚師的最新動態，經常提前三個月就毫不猶豫地預定最新推薦的店家，有點像他們的父母以前會瘋搶劇院的位置一樣！朋友之間也不乏私底下互相交易寶貴的餐廳訂位。

美食饕客也會強迫症上身般的購買尖端廚具：蔬果刨刀、豪華烤盤、適合各種有機栽培葡萄酒的酒杯，享用美食並非只能獨樂樂，眾樂樂是一定要的！二十五歲以下的小朋友也受到家裡的「美食病毒」感染，會舉辦並評論朋友間的「小」飯局。他們也不會犯下在培根蛋麵裡加法式酸奶油這種滔天大

阿爾薩斯謬斯

PAUL HAEBERLIN
保羅・哈伯蘭
HUBERT MAETZ
余貝・瑪耶茲
ANTOINE WESTERMANN
安東尼・維斯特曼
三位主廚都是與鸛鳥同樣被保護的國寶，該地區的象徵！

罪，小美食饕客早就知道這種基本真理！美食是一項高水準的全國性運動，在法國電視上還有競賽：我們已經搞不清楚有多少旨在選拔「頂級大廚」或「最佳甜點師」的節目，有點像民間版的「MOF」（Meilleur ouvrier de France，法國最佳工藝師）。與魅力四射的Jean Imbert主廚或是Christophe Michalak甜點師自拍也羨煞旁人，不輸與足球明星安托萬・格里茲曼（Antoine Griezmann）在IG上合影。主廚Paul Bocuse早在1960年就為廚師的明星化展開了康莊大道，他登上國際雜誌封面的次數幾乎與凱特・摩絲（Kate Moss）不相上下！拜保羅之賜，偉大的廚師從爐子後面現身，成為真正的搖滾之星，或者像時裝週的設計師一樣，每年兩次展示他們的系列作品……家裡有個孩子是天賦異稟的廚師、功成名就的新派乳酪師、得到米其林三片馬卡龍（三顆星）榮耀的甜點師或咖啡烘焙師，在今天是非常能被接受的，甚至在曾經鄙視勞動力的圈子內也是如此。比起歐萊雅集團（chez L'Oréal，比雀巢集團更糟！）第N位銷售經理的頭銜，美食饕客們更千百倍地希望他們的兒子是品酒師。

大名鼎鼎的新料理運動

　　1950年代之前，主廚其實比較像隱藏在鋼琴後面的技師，一絲不苟地操作Auguste Escoffier的食譜，並對其步驟與食材照本宣科。沒有人敢將龍蝦以「熱月」（Thermidor）[1]以外的方式烹調，或是不將菲力牛排做成羅西尼牛排！Fernand Point這位身高近兩公尺的巨無霸廚師是首位在教條以外發揮自由創意的人，在他位於里昂附近的La Pyramide（金字塔）餐廳裡，菜單上只有單一套餐，而且是輕淡料理，例如他著名的紅蘿蔔或四季豆小慕斯！他因此一舉成名，在日後的五十年也一直保有米其林三顆星的榮譽。他的舊門生，以Bocuse為首，決定繼續這場烹飪革命。他

譯註1：一種焗烤方式。1880年，Auguste Escoffier發明了這道菜。1896年時，餐館隔壁劇院的舞臺劇《熱月》（Thermidor）聲名大噪，因而將這道螯龍蝦取名為「熱月螯龍蝦」。

們希望強調料理的價值。不再做複雜的醬汁跟過分雕琢的食譜，簡單的滋味萬歲！這場美食運動的領導者之一，Michel Guérard，厭倦了一成不變的綠色沙拉佐油醋醬，將脆口四季豆與鵝肝薄片結合菲力牛排，新料理就此問世！食評家亨利‧高特（Henri Gault）與克利斯汀‧米魯（Christian Millau）在位於柯隆格歐蒙多（Collonges-au-Mont-d'Or）的Bocuse（博庫斯）餐廳品嚐到另一道四季豆沙拉後，為這場料理運動命名，兩人也順理成章成為新料理運動的教父。接著以野波菜佐鮭魚排的Troisgros兄弟，Jacques Pic，阿爾薩斯的Haeberlin兄弟，天才主廚Alain Chapel，還有許多其他廚師都是這場革命的主角與代言人，革命之火一直延續到1980年代。雖然在今天已經有點老派，但是「前」新料理運動仍然是整個世代傑出家廚的參考指標。

當紅炸子雞謬斯

我們茶餘飯後談論的最新明星大廚是日本人、祕魯人、以色列人還是尼斯人？很難決定。巴黎或是其他省的大城市每天都出現族繁不及備載的主廚名字，重點是要比別人早一點去沾光，尤其特別要一五一十鉅細靡遺地交代這場「體驗」的細節。

MIEUX VAUT LE SAVOIR... 不可不知

避免一腳踩進別人盤子裡的必知守則

Les fromages
乳酪

他們總是以奇數陳列在盤子裡，最少三種，最多九種。為什麼？不知道！但遵守這項公約能證明我們是少數知道這個公約的內行人。賓客只能取一次乳酪，一次不能超過三種——美食饕客從來不遵守這個布爾喬亞訂下的慣例，如果他們的食客不欣賞他們的優選乳酪而且沒有給予該有的評價，他們可是會生氣的！

Les mains
雙手

在法國，雙手要規矩地放在餐盤兩旁。在古代，這是賓客向主人證明沒有攜帶武器，能和平地吃個飯。當然絕對不可以將手肘或下臂放在餐桌上，還要坐得挺直，不要癱在椅子上。愉快享用午餐。開飯前不可以說：「祝你好胃口。」（Bon appétit）那是個形同犯罪的誤區。

Les fourchettes
餐叉

叉齒永遠朝下放在餐桌布上。因為以前家族的紋章都是刻在餐具背面。英國則相反，叉齒必須永遠朝向天空，才能清楚看到叉上的家徽。現在這樣做還有意義嗎？當然！懂得如何擺放法式餐具，仍然是有教養的社會標記。

PLUTÔT MOURIR QU'(E)...　寧死也不

在背後説Pierre Hermé的壞話

做Suzette可麗餅失敗

週一就打開餃子罐頭

不能做自己的鵝肝醬

在葡萄酒裡加水

在生蠔上淋紅蔥頭油醋汁

端上不夠彈牙的義大利麵

忍受像肺一樣多孔的卡蒙貝爾乳酪

購買塑膠包裝的分級蘋果

忘記在草莓上淋一絲巴薩米克醋

讓別人知道自己討厭香菜

LE GOURMETISTO... INFATIGABLE DÉNICHEUR DE FOURNISSEURS CULTE

美食饕客： 不厭其煩地追尋最夯的供應商

完美主義謬斯

**ASAFUMI YAMASHITA
山下朝史**

前日本拳擊手，現在是
法國不多見的星級主廚
心中的紅人，因為他能
供應在Yvelines（伊夫
林）農場精心栽培的蔬
菜。

麵包謬斯

**JEAN-LUC POUJAURAN
讓－呂克・普玖翰**

「大」牌演員，當他
Mont-de-Marsan麵包師
傅的兒子，二十七年來
以美味麵包款待巴黎第
七區的居民，然後，讓
他們心碎；因為他決定
成為幾家巴黎餐館的獨
家供應商。能在餐廳麵
包籃裡發現他的麵包就
是餐廳最卓越的肯定！

「近乎完美的晚餐」（Un dîner presque parfait），是
業餘廚師的競賽節目，在2010年代深受法國家庭喜
愛。對於美食饕客來說，這節目是庸俗的最高境界。然而，當
他們請朋友來吃晚餐時，所花費的苦心與節目中的競賽者其實
相去不遠，舉國皆知他們試圖以花稍的料理及精心打理的餐桌
誘惑真正的平民評審。美食饕客的表現與不幸的參賽者一樣，
都是要求完美主義的人！

首先會有累死人的唱名活動，介紹一長串響亮的產品：乳
酪來自一個年輕的乳酪熟成師，他會在摩洛哥堅果油乳酪上撒
薩塔綜合香料（zaatar）；牛肉是由菁英屠夫放在裝滿香料植
物的容器醃製；甜點則來自履歷像手臂一樣長的甜點師。

美食饕客接著費盡九牛二虎之力構思菜單。延續家族長期
以來的好奇與附庸風雅傳統——我們都看過他們的長輩喜歡新
料理與Berthillon（貝蒂雍）冰淇淋的同時，他們也熱衷於創
新。1976年時他們寧願當場斃命也不要繼續在北非塔金鍋料
理加入蜜棗，1991年時則不想把鵝肝醬放在香料麵包上吃，
更別提那些恐怖的老派杯子小菜（verrine）了！

相反地，這些天生的先驅者持續自命不凡地比所有人都早
一步到處加抹茶或香橙。在今天，他們受到巴黎小酒館美食學
（bistronomie，佯裝輕鬆的烹飪學校）的啟發，花好幾個小
時製作巴斯克豬肉薄脆片來點綴西南部產的平民漁獲：白姑
魚（maigre），這是他們推出的流行（也讓魚瀕臨滅種）。

他們在廚房爭先恐後地將坎塔布里亞（Cantabrie）鰻魚插入 Olivier Roellinger以四香粉按摩過的羊腿內側。搭配壓碎的紫色馬鈴薯（美麗的紫色品種），「啊」與「喔」等讚嘆詞將此起彼落。

　　剩下的就是擺上看似簡約，事實上卻無比精緻的餐具！如果餐盤與杯子不成套，絕對不是因為夫妻上演家庭倫理劇場時打碎了，而是經過慎重考慮的美學選擇。啊，那黑色的鹽呢？從冰島來的，怎麼了嗎？

音樂迷謬斯

ÉRIC SANCEAU
艾希克・桑叟
大廚都爭相與其交心的農場主人。他的農場裡剛出生的牛或母雞都聽有舒緩效用的交響樂並且自由自在地嬉戲。

LA LISTE GOURMETISTO
美食饕客必買清單

對美麗與美食同樣注重的家族基本必備品。

① LE PIMENT D'ESPELETTE
艾斯佩雷辣椒

由一位巴斯克探險家在十六世紀從安地列斯群島帶回了這種辣椒，使它能代替當時是天價的胡椒，成為調味品。自從1990年代重新流行之後，艾斯佩雷辣椒由在地巴斯克人在艾斯佩雷市與當地區域親手採收並去梗，製作成多種產品：辣椒鹽、辣椒芥末、辣椒油、辣椒醋、甚至還有給大膽嗜辣者的辣椒果凍或果醬！被一些名字相當饒口的巴斯克廚師，如Iñaki Aizpitarte或Philippe Etchebest廣泛運用，它被擦在綿羊乳酪上，揉進奶油裡，撒在羊腿上或鱈魚背肉上，甚至藏在甜蜜的巧克力裡。艾斯佩雷辣椒已經被視為明星，每年10月最後一個週末在艾斯佩雷舉辦辣椒節為它慶祝，還有好幾本食譜書籍專門介紹它。還有工會頑強地捍衛它的權利，也就是AOP（原產地名稱保護）與AOC（原產地命名控制）——驗證法國風土產品正統性的命名標識！別忘了它能為你的自製漢堡或黑巧克力餅乾畫龍點睛 。

代表性品牌：
LA MAISON DU PIMENT辣椒工坊

自1996年以來，文森・達西瓊（Vincent Darritchon）一直親手種植和採收六個品種的辣椒（包括艾斯佩雷品種）並在他的網路商店裡銷售各種美味誘人的巴斯克特產。

lamaisondupiment.com

明星商品
五十公克小罐裝的辣椒粉，要保存在沒有光線的地方，否則味道會消逝，美麗的豔紅色也會褪成淡黃色。

② *LE LINGE DE MAISON*
紡織品

以前，家居紡織品非常珍貴，以至在新娘的嫁妝中占了很大一部分，通常由母親傳承給女兒，並被列入資產計算。摺疊妥當的漂亮床單與放著薰衣草香亞麻布的整齊大壁櫥，足以讓主婦們高興好幾個世代。越有錢，家裡的紡織品越潔白，刺繡越多，做工也越精細。中古世紀的領主們圍著大餐桌大快朵頤時，桌上鋪著的桌巾還被用來豪邁地擦手與擦嘴。文藝復興時期，帥氣男士都自豪地戴著誇張的蕾絲皺褶領（或稱「草莓領」），他們用餐時會在脖子上繫著寬大而芬芳的亞麻餐巾。但領子太大，餐巾「繫上兩端」（衍生為賺很多錢）太困難，所以還有專司此職的僕人！十七世紀的家庭主婦們則自己編織床單，並飾以精緻的刺繡。直到二十世紀中葉，這門藝術一直是女孩教育的一部分。到了1960年代，原本低調的家居紡織布仍然一直都是潔白無瑕。要等到1970年代，年輕設計師才終於給了布爾喬亞家的餐廳與臥室一點顏色。

代表性品牌：
LA MAISON MOUTET慕岱工坊

已經傳承五代的慕岱家族始終在貝亞恩（Béarn）省的奧爾岱（Orthez）延續巴斯克家居紡織布的傳統，也是大博物館與城堡，如子爵城堡（Château de Vaux-le-Vicomte）的官方供應商。慕岱的產品提供鮮豔色彩與有時有點超脫現實的漂亮圖案，讓家用紡織品重整旗鼓呈現新氣象。

tissage-moutet.com

明星商品
所有經典的「Iraty」（依哈堤）桌布，我們喜歡它的復古風格，並且可以量身訂做，家裡所有的桌布都可以！

③ LA GROSSE COCOTTE
鑄鐵鍋

這個由琺瑯鑄鐵製成的大燉鍋是療癒廚房的象徵，誕生於二十世紀初期，與法國家庭的歷史密不可分。它能隨興地直接放在桌上，讓大家一起分享五花八門的食物！這是一場革命，它重塑了現代法國人的人際關係，減低了父權家庭的長幼有序，改以默契與交流滋養眾人！它能匯聚千百道滋補養顏的美食與農家菜，讓節食中的法國人愛恨交加，卻又不停地在沮喪時燉上一鍋。美食饕客經常將燉鍋裡的東西全球化，不過最喜歡部分，永遠是隆重如凱旋般的將燉鍋放上餐桌，一邊吆喝：「大家自己來！」

代表性品牌：LE CREUSET

在鑄鐵鍋界，爭奪代表性品牌稱號者眾，畢竟鑄鐵鍋在法國是文化遺產等級。除了STAUB的標誌性款式之外，LE CREUSET橘色「火山」版也早已成為法國櫥櫃絕對會出現的明星。1970年代被拿來享用布根地乳酪鍋之後，至今仍讓嬰兒潮世代感動痛哭流涕。該公司由兩位比利時人，亞蒙・德薩格（Armand Desaegher）和歐克塔夫・歐貝克（Octave Aubecq），於1925年在艾森省的大弗雷努瓦（Fresnoy-le-Grand）創立，並始終以此為據點。雖然該品牌已經多元化到擁有眾多獨具一格的產品（啊！心形跟足球形的燉鍋！）旗艦產品仍然在法國製作，而且出口銷售量極為龐大。

lecreuset.fr

明星商品

「橢圓形35公分」帶「霧灰色」金屬鍋蓋鈕的款式，極為雅致的灰，鍋身顏色目前則有十四種選擇（其中有些顏色會隨使用時間而褪色）。如果是初次購買的新手，還是建議黑色。

④ LA CONFITURE
果醬

這位法式早餐的好朋友（還有即溶菊苣咖啡粉），在很多法國家庭裡仍然輕而易舉地打敗穀麥脆片。的確，配上烤過的隔夜麵包和一點好吃的奶油，就是讓人心情大好的起床方式。果醬在法國的歷史可以追溯到十字軍東征時期，糖被大量引進歐洲。果醬的法文「confiture」來自用蜂蜜或糖水漬熟的水果蜜餞（confiseries）。當時製作的其實是「électuaires」，一種果凍狀軟糖，非常受中古時期藥典的歡迎，也跟現在的果醬比較相近。以預言聞名的諾斯特拉達姆士（Nostradamus）於1555年發表了《化妝品與果醬論》（*Traité des Fardements et des Confitures*），奠定了果醬藝術的第一步基礎，後來被家庭主婦採用的比例高於藥劑師。不過要到十九世紀發明用甜菜提煉白糖之後，才讓果醬普及化，也越來越工業化。對法國人來說，能成功製作自家果醬，仍然是所有社會階級都會欣賞的才能。

代表性品牌：
LA CHAMBRE AUX CONFITURES果醬室

頭腦靈活的新派果醬師傅，堅持減少烹煮時間與果醬糖量，正為果醬世界帶來新氣象。我們得感謝這些獨樹一格的果醬讓覆盆子或杏桃保持如此鮮豔的色彩。有人認為它們不夠格被稱為果醬（這個國家呆版的法令規定果醬要含有50%的糖），但，誰理他！於2011年創立的LA CHAMBRE AUX CONFITURES的麗絲（Lise）是這股果醬新浪潮的傑出代表，她本人也是一位果醬製造商的曾孫女。猶如概念店的精品果醬鋪和嫻熟的果醬口味變化（同一種柑橘類竟然可以有五種版本！）是挑選禮物的金礦，所有果醬都可以試吃。最好下午點心時間品嚐，會真的愛上！

lachambreauxconfitures.com

 明星商品
以凸顯季節珍稀水果滋味做成的限量版（苦橙、木莓等），也是美食饕客珍視的理念。

⑤ LE COUTEAU DE PRO
專業刀具

要切片、切絲、削皮……美食饕客無法滿足於遠方國度設計的低成本劣質工具。正好！法國高級刀具的口碑已經遠近馳名！自十五世紀以來，奧弗涅的蒂耶爾（Thiers）鎮一直是法國刀具的首都，這得歸功於湍急的杜侯爾河（Durolle），為需要大量動力的刀具工藝提供了不可或缺的能量。十七世紀時，蒂耶爾刀具已經遠銷至近東的黎凡特（Le Levant）。而在十九世紀開始了突飛猛進的成長：1855年總共雇用了兩萬五千名員工大規模地供應法國、西班牙納瓦拉以及其他地區的五金批發商。蒂耶爾及其所在地區生產的餐刀、小刀和專業刀具，在今天仍占法國消費量的70%。

代表性品牌：OPINEL歐皮奈

雖然，法國有很多著名的刀具品牌，如AVEYRON（阿維龍）的精緻「Laguiole」（拉吉奧爾）刀。但著名的OPINEL刀仍然是所有法國小孩子的終極夢想，總是乞求父母能讓他們擁有一把，即使現在下課時間不需要再切香腸。這款可摺疊的口袋小刀由薩瓦區鐵匠之子卓瑟夫・歐皮奈（Joseph Opinel）於1890年創造，此後經過千錘百鍊不斷改進功能性，包括著名的Virobloc（安全指環鎖定，1955年取得專利）。但其原封不變的設計仍然是本能完美的典範。它與保時捷911和勞力士手錶一起在倫敦維多利亞與亞伯特博物館（Victoria and Albert Museum）展出，躋身於世界百大最佳設計物品之列。

opinel.com

明星商品
「Plumier n° 8」（文具盒八號），採菇專用刀。這個款式的橡木手柄上配有實用的小刷子，是採摘羊肚菌、牛肝菌、雞油菌、黑喇叭菇、傘菇和其他菇菌的好幫手。採菇永遠是鄉下週末令人愉悅的休閒活動。

⑥ LE MOULIN À LÉGUMES
碎菜機

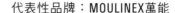

如果家裡的小孩迷戀「Mousline」（乾燥馬鈴薯粉，加入熱水或牛奶使其膨脹後食用），表示他沒吃過真正的手工自製馬鈴薯泥！Joël Robuchon的馬鈴薯泥（1公斤馬薯要加入250公克奶油）是邪惡濃郁的代表。而一般法國人家裡的馬鈴薯泥，雖然少了脂肪的含量，但還是需要下一番功夫：大家都承認調理機做出來的馬鈴薯泥太黏稠，必須得用手攪拌才行！所以著名的碎菜機就派上用場了！不但有濾網還有手柄，對製作馬鈴薯泥這項艱鉅的任務助益匪淺！

代表性品牌：MOULINEX萬能

讓·芒特雷（Jean Mantelet）因為厭倦了糟糠妻製作的不均勻結塊馬鈴薯泥，在1932年發明了碎菜機。一上市即一炮而紅，而發明概念傳播也無遠弗屆！後來受到電動自行車SOLEX的啟發，芒特雷在1950年代初期，將碎菜機的手柄換成小型馬達。第一臺電動咖啡研磨機就與MOULINEX（Moulin Express快速研磨的縮寫）萬能品牌一起誕生了！1960與1970年代，「Charlotte」（夏洛特絞肉機）與「Marinette」（瑪琳聶特多功能直立絞拌機）機器攻占了法國家庭。當年的廣告甚至宣稱「MOULINEX解放女人」！MOULINEX的黃金時代於1980年代結束，拆除工廠一事更是法國「去工業化」悲劇一個的敏感例子。2001年被其競爭對手SEB（賽博）收購，雖然公司得以延續，往日輝煌卻一去不復返。法國人心底卻都對它保有一份溫柔。

moulinex.fr

 明星商品
來自原始母公司的原創款式（難以置信的複製品），不鏽鋼，直徑24公分（最大尺寸）：馬鈴薯泥可不是一種獨享的樂趣！

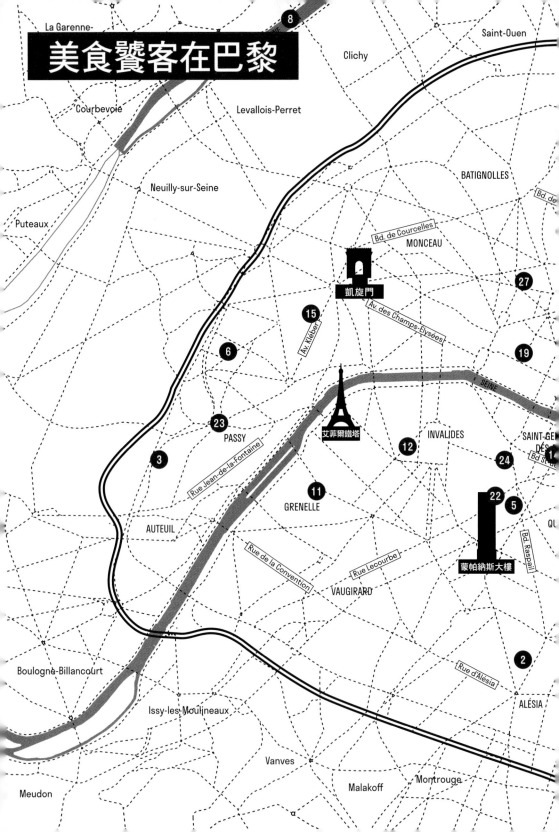

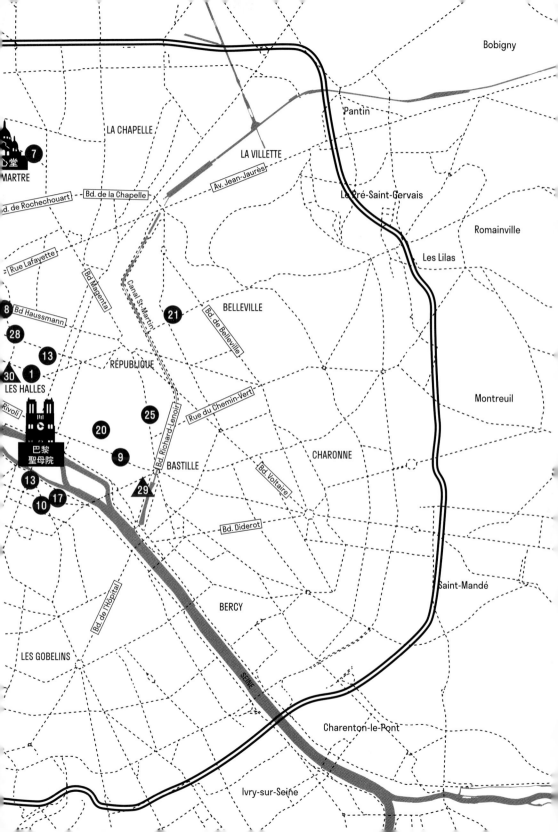

美食饕客的發源地

　　巴黎大堂（les Halles）從中世紀開始就是「巴黎的胃」，在1980年代成為新浪潮、同性戀、龐克族、地下商店、前衛髮型和時尚潮人的搖籃。直到1959年，這個人聲鼎沸、充滿歡聲笑語、垃圾、噪音、來自法國各地的食物、難聞的氣味、小咖啡館和小酒館的地區，單獨供應首都巴黎的吃吃喝喝。從凌晨四點開始，優雅的夜貓子和肉鋪屠夫、麵包師或鮮花小販就在肉湯餐廳擦肩而過：一批人結束了他們的夜晚，而另一批人的一天才剛開始。Victor Baltard在拿破崙三世時期建造了十二座富麗堂皇鑄鐵鋼架亭子來安置巴黎大堂，在1970年代被摧毀。原址只剩下敞開的大洞，年輕設計師與尋歡作樂者將這裡變成新巴黎生活的中心。1980年代有名的舞廳「Les Bains Douches」（澡堂浴室）跟「Royal Mondétour」（皇家蒙德都）擁有多元及打扮超級吸睛的顧客群。這裡曾有年輕時的Prince、Jean-Paul Gaultier、Christian Louboutin或是美豔的伊娃・尤涅斯科（Eva Ionesco），裹著由拉丁樂之王賽吉・克魯格（Serge Kruger）發明的緊身乳膠內搭褲（Slooghy）。拉丁音樂之王讓全舞廳的人都隨著探戈舞曲搖曳生姿。原本的葡萄酒或乳酪批發商讓位給Élisabeth de Senneville、Claude Montana或Thierry Mugler，他們都選在作育年輕設計英才的貝叟高等服裝設計學院（Studio Berçot）附近立業。位於白晝路（Rue du Jour）上的AGNES B，按壓式鈕扣開襟外套一次能賣出一打，現已遠近馳名！巴黎大堂拆除四十年之後，大品牌已經在這裡繁殖，美食饕客只能往巴黎其他地方探索美食，以滿足口腹之慾。

舉個例：

1 AU PIED DE COCHON豬腳

　　有很長一段時間，變性皇后、名模或年輕布爾喬亞喜愛來這裡為非作歹耽於逸樂，也讓這家開業於1946年的餐廳搖身一變，成為巴黎夜生活的一盞明燈。經過一段空白期，le PDC（法文豬腳的字首字母）重新恢復往日光彩。年輕女演員、電視劇演員、或饒舌歌手重新在這裡聚集，直到凌晨。24小時開放。
6, rue Coquillière, 75001 Paris
01 40 13 77 00
pieddecochon.com

美食饕客的新動線

　　美食饕客有屬於私人的巴黎地圖，上面標示著一個個相距甚遠，但對他們的危急存亡至關重要的最夯熱點。當然，在他們居住的街區通常會有不錯的市集跟幾家親切的食品店：巴黎是個極易獲得良好貨源補給的城市！美食饕客有點附庸風雅，比起可靠的經典有名餐廳，他們更偏好年輕而較機密的口袋名單。很多美食之王的故事，往往都是從美食饕客的口耳相傳開始的。

美食饕客供應商通訊錄

肉鋪

三位搖滾明星般的帥氣肉販，共同分享對肉食主義最至高無上的喜愛。一定要去參觀他們的攤位，至少很賞心悅目。

HUGO DESNOYER雨果・德努瓦耶

有兩家肉鋪，其中一家附設餐桌，為喜歡「平價肉品」的愛好者服務，大家都能選到東西！
hugodesnoyer.com

2 45, rue Boulard, 75014 Paris
01 45 40 76 67

3 28, rue du Docteur-Blanche, 75016 Paris
01 46 47 83 00

4 ALEXANDRE POLMARD亞利桑大・波爾瑪德
肉販帝國第六代傳人，其提供的肉品在業界幾乎是「高級時裝」等級（還有神級風味的韃靼生牛肉）。
2, rue de l'Abbaye, 75006 Paris
01 43 29 76 48
polmard-boucherie.com

YVES-MARIE LE BOURDONNEC
伊夫－馬利・林布多內克

堅持熟成六十天。自詡為「牛肉創造家」，共有四家店，牛肋排的陳列猶如龐畢度中心的藝術作品；有些甚至貼著「請詢價」。
le-bourdonnec.com

5 43, rue du Cherche-Midi, 75006 Paris
01 42 22 35 52

6 172, avenue Victor-Hugo, 75016 Paris
01 47 04 03 28

7 25, rue Ramey, 75018 Paris
01 42 64 78 71

8 4, rue Maurice-Bokanowski, 92600 Asnières
01 47 93 86 37

乳酪鋪

乳酪很好，而且越怪異的越好！

LAURENT DUBOIS羅宏・杜布瓦

廣大迴響。香橙醃浸的康堤乳酪（Comté）、梨子醬熟成的藍紋乳酪或加了摩洛哥堅果油的山羊起司，都是傳奇美味。

9 97-99, rue Saint-Antoine, 75004 Paris
01 48 87 17 10

10 47 ter, boulevard Saint-Germain, 75005 Paris
01 43 54 50 93

11 2, rue de Lourmel, 75015 Paris
01 45 78 70 58
fromageslaurentdubois.fr

12 FROMAGERIE GRIFFON雨燕乳酪鋪
高達乳酪（Gouda）、杏仁、榛子、核桃、開心果和葡萄的牛軋糖，以及羊奶加胡椒的小蛋形乳酪，讓這個天才乳酪師的名聲響徹全巴黎。
23 bis, avenue de la Motte-Picquet, 75007 Paris
01 45 50 14 85

甜點鋪

現在巴黎有很多單一偏執狂的甜點師！美食饕客有自己的「忌諱」，像「L'Éclair de Génie」（天才閃電泡芙）或「Aux Merveilleux de Fred」（弗瑞德的神奇甜點）這些加盟太過頭的，或是那些有熱情擁護者的。

泡芙大賞

13 ODETTE PARIS 歐蝶特巴黎
年輕有創意的甜點人製作的可口泡芙（向其祖母致意），在此能邊吃邊欣賞聖母院廣闊視野。
77, rue Galande, 75005 Paris
18, rue Montorgueil, 75001 Paris
01 43 26 13 06
odette-paris.com

14 LA MAISON DU CHOU泡芙工坊
大家都懂了吧？迷你夾心泡芙在巴黎有如雨後春筍。這是第二家大快朵頤的口袋名單。
7, rue de Furstenberg, 75006 Paris
09 54 75 06 05

瑪德蓮大賞

15 MAD'LEINE瑪德蓮
甜點師Akrame Benallal的瑪德蓮蛋糕（傳統的圓肚餅）配以活性炭（柳橙或蜂蜜）茉莉花，值得脫帽致敬。
53, rue Lauriston, 75016 Paris
09 50 93 42 44
madleine.fr

16 MESDEMOISELLES MADELEINES瑪德蓮姑娘
這家店的瑪德蓮與科梅爾西（Commercy）的原始版本相去甚遠。Stéphane Bour的瑪德蓮大膽瘋狂，有香草內餡、咖啡內餡及開心果內餡，或是綜合內餡！
37, rue des Martyrs, 75009 Paris
01 53 16 28 82
mllesmadeleines.com

特例大賞

不，這裡不是要談法國鐵路工人的特殊退休制度，而是年輕的甜點師終於開始注重食物不耐症的問題。

17 LES BELLES ENVIES美好的渴望

針對那些無法品嚐疑似含糖甜點的人，這些注重控制升糖指數的豐盛蛋糕進行了完美的喬裝。

3, rue Monge, 75005 Paris
01 42 38 01 41
lesbellesenvies.com

18 NOGLU TAKE-AWAY無麩質帶著走

位於全景廊街（passage des Panoramas，反正這裡也值得一遊），提供小水果甜塔、草莓蛋糕跟奶油酥餅，麩質過敏者會開心地手舞足蹈（其他人也可以）。

16, passage des Panoramas, 75002 Paris
01 40 26 41 24
noglu.fr

甜點明星大賞

19 CÉDRIC GROLET賽堤克・葛雷

於2017年摘下「全球最佳甜點主廚」大獎，備受寵愛的奇才，終於在他任職的莫里斯飯店（Le Meurice）開設了外帶甜點櫃臺。每天提供五種單人份的招牌甜點，包含大名鼎鼎的擬真檸檬或紅蘋果甜點。至於可以共用的大型甜點則非「Rubix Cake」（魔術方塊蛋糕）莫屬，是無與倫比的甜點幻想曲。當然，價格也不負眾望，一樣傳奇！每日製作的分量銷售完畢即收攤，所以必須在營業時間的中午之前造訪。

6, rue de Castiglione, 75001 Paris
01 44 58 10 10

YANN COUVREUR楊・庫佛

這位靈感豐富的三十歲年輕人擁有兩間店面，並在拉法葉百貨美食館設櫃，他深諳經典之道。以嫻熟的技巧（其中有些以迅雷不及掩耳的速度），輕盈的手感（當然，在盡可能的條件下），沒完沒了地征服巴黎人：巧克力閃電泡芙、蘭姆巴巴、草莓蛋糕、巴黎－布列斯特泡芙、千層酥、蛋白酥……大家說得沒錯，好吃死了！

20 23 bis, rue des Rosiers,
75004 Paris

21 137, avenue Parmentier, 75010 Paris
06 05 97 63 01
yanncouvreur.com

美食朝聖

某些人會在週末闔家前往阿斯特克遊樂園（Parc Astérix），美食饕客則是定期去朝拜經典美食的殿堂。

「很布爾喬亞」的去處

LE BON MARCHÉ樂蓬馬歇兩大超市

兩大超市，塞納河左岸右岸各一，匯聚了美食饕客心目中已開發國家精華產品中的精華。法國也有一系列精選產品陳列其中：精緻香料、罐頭或果醬。樂蓬馬歇的自有品牌也很不錯。在這兩家漂亮超市的貨架間漫步或吃香喝辣，總之都是非常巴黎的生活體驗。必要注意的是河左岸的才是「正宗」樂蓬馬歇。

22 38, rue de Sèvres, 75007 Paris
01 44 39 81 00

23 80, rue de Passy, 75016 Paris
01 44 14 38 00
lagrandeepicerie.com

24 BEAUPASSAGE美麗通道

裝飾著青翠樹木與當代藝術的露天人行道，位於哈斯拜耶大道（Boulevard Raspail）與格勒納勒路（Rue de Grenelle）之間的「飛地」，是眾人爭相前往的優雅場所。活力四射的上流法國主廚（Pic、Alleno、Bellin）都在這裡，食品相關的職人菁英（肉販Polmard、Marx麵包店）也在這裡，個個都有壯觀的露天雅座餐廳。

53-57, rue de Grenelle, 75007 Paris,
tous les jours de 7h à 23h

「超現代布爾喬亞」的去處
MAISON PLISSON普利松小屋

總店離MERCI概念店只有咫尺之遙，兩者有相同的經營理念。這裡的風格很沉著、奢華、享樂，卻是一種高雅的奢華！生產者都是萬中選一（乳酪櫃與豬肉製品櫃非常漂亮），而且很樂意前來與消費者面對面交流；產品都是產地直送，碳足跡很少；售貨員繫著老式棉質圍裙，還有裝滿了蔬菜的木箱！分店則更令人注目，有餐具／家居品／藥妝雜貨區，還有占地廣闊的餐廳，下午時分則變身「點心沙龍」。

25 93, boulevard Beaumarchais, 75003 Paris
01 71 18 19 09

26 35, place du Marché Saint-Honoré,
75001 Paris
maisonplisson.com

有景觀的美食去處
27 LE PRINTEMPS DU GOÛT春天百貨美食館

有點像法國版的「Eataly」超市。除了購買一流美食，還能快速品嚐法國風情餐點（Gontran Cherrier引人入勝的火腿奶油孔泰乳酪三明治，或是Maison Balme的松露版喀先生火腿起司三明治），並在可愛的（專業）書籍區閒晃，享受九樓露臺的全景視野（宜人的季節會有戶外餐桌）。

59, rue de Caumartin, 75009 Paris
printemps.com

都會農夫的去處
28 LA RUE DU NIL尼羅河街

在Terroirs d'Avenir（未來風土）的兩位創始人（充滿激情的企業家）的領導下，這條街道已經成為飲食業的蒙田大道。肉鋪、麵包坊、魚鋪、雜貨／蔬果／乳品店、外賣店及餐館林立，是城市中的鄉村一角，位於巴黎第二區，這裡也是巴黎歷史上「奇蹟之殿」（cour des Miracles）的所在地。奇蹟現在可以從容平靜地入手。

terroirs-avenir.fr

米其林指南

米其林指南最早出版於1900年。輪胎廠的創始人米其林兄弟構想了一本書，封面上印著快樂的「米其林人」，提供資訊給在漫長旅途中需要吃喝甚至休息的單車騎士和汽車先鋒們，最重要的是：好好照顧還不是很快速而且有點脆弱的「坐騎」。從1920年開始，當時連接巴黎和蔚藍海岸只有一條國道七號（N7），沿線最好的餐飲旅館設施就根據其優劣被授予一顆或多顆星。這個已經成為神話的評鑑系統（我們說的是法國兩顆星或三顆星的廚師）從一開始就被小紅書採用，以獎勵業界的傑出者並為其排定名次。美食等級餐廳應運而生！從一開始就有三位明星級人物在這度假路線上進行君子之爭：la Pyramide de Vienne（維埃納金字塔餐廳）的Fernand Point於1933年成為首位獲得最高評價的人；Valence（瓦朗斯）的André Pic則於1934年奪魁；1935年則輪到索利厄（Saulieu）的La Côte d'Or（金丘餐廳）主廚，被稱為「大帝」的Alexandre Dumaine獲勝。1940年入侵法國的德軍甚至就配備了這本極其精確詳細的指南！米其林在今天仍然是世界上最著名的指南之一。然而一些廚師卻決定從中解脫，如Marc Veyrat、Olivier Roellinger或Joël Robuchon，他們拒絕米其林頒布的星星，以便能繼續從容無壓力地對待顧客。

restaurant.michelin.fr/guide-michelin

威力無比的LE FOODING美食期刊

由年輕人創辦的刊物，誕生於2000年，想讓法式美食能更靈活輕鬆，讓所謂的好餐廳不再死板生硬。並在主廚身上吹起一股全然個人主義的自由風潮。在「FOODING」這個字當中，有「FOOD」代表烹調，有「ING」作為情感，一切盡在不言中！這個快樂團隊的成功超乎所有預期，法、英雙語版巴黎餐廳指南已經成為美食饕客唯一的參考指標，甚至還不只於此。雖然還有一些煩人的小瑕疵，也已經被比較傳統體制的米其林收購，《LE FOODING》期刊仍然不失為尋找合適的現代、親切、令人驚豔的餐廳的好管道。美食饕客雖然喜歡批評：「《LE FOODING》跟以前不一樣了。」但還是持續恭讀，並想方設法讓自己被邀請至其著名的年度聚會。隱約認識一個《LE FOODING》的專欄作家，有點像是正在讀哲學博士生的時候，有個叔叔是法蘭西公學院的教授一樣！

lefooding.com

LE GOURMETISTO SECRET
美食饕客的祕密
美食品味的機密名單

突破常規
「Tablées Cachées」（隱密的同桌賓客）團隊每個月都會在不尋常的地方（如十三區的Frigos冷藏庫藝術村）組織祕密晚宴，由優秀的年輕廚師為20位客人精心安排。味蕾的激情和意外的邂逅（還好不是反過來！）等著你。
tableescachees.com

LE CAVIAR魚子醬
29 無須成為俄羅斯寡頭高官，就能探索法國卡維亞芮（Kaviari）的魚子醬工廠，超級棒的品牌展示櫃。還可以參加俗稱為「黑金」的魚子醬品嚐會，在冷藏專櫃（建議穿上羽絨衣）購買魚子醬，甚至可以包下品牌工廠的餐桌。
13, rue de l'Arsenal, 75004 Paris
01 44 78 90 52
kaviari.fr

遊牧晚餐
想東市喝杯科西嘉開胃酒，西市補充巴黎平民小吃，再到南市吃個甜點當結尾嗎？Ici Là Là（來！來！這裡！）的年輕團隊安排了三個步驟的散步型晚餐（每個點不會超過十分鐘的步行，呼），提供給想一次探索好幾個地方的人。可以多人一組、女孩雙人組或單獨前往。
icilala.com

CÉLINE PHAM
這位法國／越南廚師是時尚派對的寵兒，只把她的精確地址（在十區）給少數會員幸運兒。明顯比「Eatwith」（共餐）平臺時髦多了。
e-mail預約：
jaifaim@celinepham.com

E.DEHILLERIN德希林
30 成立於1820年，位於曾經的巴黎大堂腹地，很容易迷失在錯綜複雜的專業廚房用具迷宮中。完美主義的外行人可能不太急需巨大的銅盆，但能接受很多廚具小配件。
18-20, rue Coquillière, 75001 Paris
01 42 36 53 13
edehillerin.fr

LE GOURMETISTO WEB
美食饕客不藏私網站
不須遠庖廚，
就能享用法國美食的精選網址

CULINARIES烹飪者
蔬菜園藝、乳製品、肉店、豬肉熟食店、草本茶、種子、果醬、麵粉……法國生產者的精華都在這裡。沒有星級產品（因此價格也相應），但精選商品能讓喜愛精心製作、栽培、耕種產品的愛好者十分滿意。目前只有香料、罐頭和葡萄酒（但已經很多了！）能提供海外運送。生鮮產品應該很快就能寄送。
culinaries.fr

MALLE W. TROUSSEAU箱子與行頭
為了精心配置美食饕客的行頭，將人類智慧所發明的所有切、削、炸、刷、烤等共43種器具完整而分層排列在一個華麗的箱子裡，但也可以分開單項購買。
mallewtrousseau.com

O MÀ！GOURMANDISES 媽呀！美食
一系列「在地製造」的產品，由自學成才的廚師Jean-Michel Querci在位於上科西嘉聖佛羅宏（Saint-Florent）的La Rascasse（拉哈斯卡斯）餐廳裡精心炮製。貝類油、布霍丘果醬、黑橄欖醬（就算會遭天譴也要吃！）、加白洋蔥或無花果的番茄醬、榛果白醋奶油醬。創意十足，令人驚喜，美味無比！
oma-gourmandises.com

CHARVET ÉDITIONS莎薇發行

圍裙界的勞斯萊斯，優雅地防止汙漬上身，採用水洗亞麻棉混紡材質，仍由法國北部的一家紡紗廠織造。一定要買「專業」靛藍款，腹部有大口袋，可以放入鍋鏟。擁有優雅效率的百年歷史。
charveteditions.com

LA BROSSERIE FRANÇAISE法國刷具

良好的牙齒是吃美食的必要條件！櫸木柄牙刷「Édith」（向Édith Piaf致敬）於法國波薇（Beauvais）製造，可完全回收利用，可客製刻上主人的名字，還可加入會員，定期收到新牙刷（自己決定更新頻率）。
bioseptyl.fr

MAISON FRAGILE易碎工坊

這個年輕的利摩日瓷器品牌是由工廠經理的曾孫女瑪麗·卡斯特爾（Mary Castel）接手家族企業後推出的。雖是傳統製造，但設計工作卻委託給了French Touch流派的藝術家：尼克拉·奧吉尼爾（Nicolas Ouchenir）、瓦依努·德·卡斯特巴札克（Vaïnui de Castelbajac）、索妮雅·希芙（Sonia Sieff）或瑪麗－艾格尼絲·吉約（Marie-Agnès Gillot）。愛麗舍宮訂製了一系列的小酒杯，第一夫人碧姬·馬克宏喜歡在午餐會報拿出來使用。
maisonfragile.com

Le Tour de France des Gourmetistos
美食饕客的環法之旅

　　美食饕客從不畏懼千里路途前往搜索在地的必備或旗艦美食。他們會把朋友間的阿爾薩斯簡單週末或在聖讓德盧斯（Saint-Jean-de-Luz）的浪漫之旅變成了美食尋寶之旅。不把滿滿一袋或一箱的特產帶回家是不可能的，因為在當地買的一定是最好。美食饕客獻寶似的拿出戰利品，就像青少年會興奮地向他的麻吉秀出「文明帝國VI」的積分一樣，而且最好大肆宣傳！

嘗過酸白菜跟椒鹽卷餅之後必須購買的阿爾薩斯最好名產

必買：PÂTISSERIE OPPÉ奧普烘焙坊

咕咕洛芙（kouglof）這種用櫻桃利口酒（kirsch）浸泡的葡萄乾製作的奶油麵包，深受瑪麗·安東尼皇后的讚賞。傳說中是為了「東方三智者」準備的（對這種會噎死基督徒[1]的甜點來說，還滿矛盾的）。曾經很長一段時間只有節慶才吃得到，但現在當地所有的糕點中都有它的身影，比以前更輕軟，仍然是用蘇夫勒南（Soufflenheim）燒製的奇特赤陶麻花模具製作。
29, rue du Maréchal Foch Hauptstross, 67190 Mutzig
03 88 38 13 21

必逛：NOUVELLE DOUANE新海關

當地的生產合作社，匯集了阿爾薩斯所有最好的產品，包括在阿爾薩斯發明的著名肥鵝肝；要感謝斯特拉斯堡廣大的猶太族群，他們是比西南地區的飼養者更早強行灌養鵝的專家。施密特（Schmitt）農場的肥鵝肝尤其出色。可以看到肥鵝肝通常都跟烈酒和香料麵包放在同一個美食籃裡，如此俗不可耐，卻又如此美味，脂肪的罪惡淵藪。
1A, rue du Vieux-Marché-aux-Poissons, 67000 Strasbourg
03 88 38 51 70
lanouvelledouane.com

譯註1：法國俗語，指食物黏稠噎口。

必吃：LE COMPTOIR À MANGER飲食櫃臺

當地餐桌上的傳統佳餚：酥皮肉醬（可以好好改頭換面）推出素食版，由根莖類蔬菜和色彩聯手演出。

10, petite rue des Dentelles, 67000 Strasbourg
03 88 52 02 91
lecomptoiramanger.com

必玩：LA CHENEAUDIÈRE修諾迪耶飯店

穿著雨靴，跟隨在地專家的腳步去釣魚，飯店既時髦又舒暢，能在木頭屋頂的套房享受私人露臺和按摩浴缸，或壯觀的「自然水療」設施。

3, rue du Vieux-Moulin, 67420 Colroy-la-Roche
03 88 97 61 64
cheneaudiere.com

必買：MY ELSASS我的阿爾薩斯

一定要買白酒燉肉鍋（Baeckeoffe）的盤子，同樣在蘇夫勒南（Soufflenheim）燒製的赤陶陶盤，手工描繪老式的田園風格（也超級流行）裝飾。它可以承裝當地典型的農家菜：三種肉類燉馬鈴薯，放在烤箱裡烤幾個小時。分量十足，也很值得！就像白酒燉肉鍋一樣。

20, rue Haute, 67700 Haegen
03 88 03 35 39
myelsass.com

必宿：LA COUR DU CORBEAU烏鴉天井

一家建於十六世紀的木筋牆老式漂亮旅店，位於史特拉斯堡市中心，路過就很難錯過。在走廊的拐彎處，感覺幾乎可以遇到那些當地民間傳說中的幽靈「白貴婦」！

6-8, rue des Couples, 67000 Strasbourg
03 90 00 26 26
cour-corbeau.com

遊艇、馬賽奧林匹克足球隊、茴香酒、馬賽魚湯、馬里尤司、芳妮或凱撒[1]之外的美好蔚藍海岸（又稱RIVIERA）與馬賽。

必買：ABBAYE DE LÉRINS列航修道院利口酒

散發馬鞭草芳香的「Lérins」（列航），配方由44種植物組成，如著名的黃色Lérins釀製方法，由僧侶口耳相傳保留下來，在熙篤會（cisterciennes）僅存的最後幾間修道院中流傳。一切都是天意！

Île Saint-Honorat, 06414 Cannes
04 92 99 54 32
excellencedelerins.com

必逛：L'IDÉAL理想

記者茱莉亞·沙繆（Julia Sammut）堅持追求各種味覺，她在馬賽的諾艾萊區（Noailles）開了這家地中海產品店。有什麼特殊嗎？充滿誘人的食品選擇，不一定昂貴，沒有網站，並深惡痛絕食物產地履歷唱名品。突破框架！

11, rue d'Aubagne, 13001 Marseille
09 80 39 99 41

必吃：AUX DEUX FRÈRES兩兄弟餐廳

貨真價實童叟無欺的酥油麵團和兩種奶油夾心！由亞利桑大·米卡（Alexandre Micka）發明，當時在拍攝《上帝創造女人》（Et Dieu créa la femme）一片的國民女星碧姬·芭杜，在堤耶熙（Thierry）與安德烈·德非（André Delpui）兄弟的餐廳吃到這個甜點並為它取名「特羅佩奶油塔」（tarte tropézienne）。

3, rue des Commerçants, 83990 Saint-Tropez
04 94 97 00 86

必玩：LA PETITE CALANQUE小海灣旅館

如詩如畫的克里奧爾（créole）風格建築，由一位船長為他來自安地列斯群島的年輕妻子建造的禮物。1930年代的浴缸、玻璃暖房、瑰麗的異國風情花園和水景，提供原汁原味（也就是辣味）的二十世紀初期風情住宿，遠離塵囂歲月。

22, boulevard la Calanque de Samena, 13008 Marseille
06 12 03 18 43
lapetitecalanque.com

必玩：MAISON EMPEREUR帝王工坊

馬賽的經典五金行，無論如何都值得一遊，復古風格公寓晚上開放給熱愛復古時尚者。

4 rue des Récollettes, 13001 Marseille
04 91 54 02 29
empereur.fr

譯註1：導演Marcel Pagnol的《馬賽三部曲》（Marseilles trilogy）：Marius（1931）、Fanny（1932）、César（1936）

必買：BIOT比奧家族玻璃廠

經常被仿冒的水瓶（或雞尾酒瓶），採用特有的彩色氣泡玻璃，瓶口能阻住冰塊流出。自1950年代以來，它一直是蔚藍海岸酷涼的化身。

5, chemin des Combes, 06410 Biot
04 93 65 03 00
verreriebiot.com

必買：BLEU D'ARGILE黏土藍陶器廠

瓦洛里（Vallauris）名廠，白色琺瑯盤「Pivoine」（牡丹），極其優雅。以手工塑造並使用古老模具，使其產品精巧細緻非凡。

30, avenue Georges-Clemenceau, 06220 Vallauris
04 93 64 82 07
bleudargile.com

必宿：HÔTEL LE CORBUSIER柯比意飯店

位於馬賽公寓（La Maison du fada），是法國政府在戰後為了彌補社會住房的不足，委託柯比意興建的知名「光芒之城」（Cité radieuse）的暱稱。長期被乖戾者喝倒采，卻於2016年成為聯合國教科文組織的世界文化遺產。目前有一家旅館與餐廳：Le Ventre de l'architecte，裡面齊聚Charlotte Perriand的餐桌，Gae Aulenti燈具，以及柯比意的椅子。這座1950年代設計的殿堂同時也是馬賽最好的餐廳之一。也可以嘗試完全是另一種風格的La Mercerie，時髦美食家的街坊小館，全馬賽的人都趨之若鶩。

280, boulevard Michelet, 13008 Marseille
04 28 31 39 22
hotellecorbusier.com

LE VENTRE DE L'ARCHITECTE建築師的胃

04 28 31 43 68
hotellecorbusier.com/restaurant

LA MERCERIE裁縫店餐廳

9, cours Saint-Louis, 13001 Marseille
04 91 06 18 44
lamerceriemarseille.com

夢想買支酒王「Petrus」（博圖斯）、吞下「Chocolatines」（巧克力可頌）嚥下阿卡雄灣（Bassin D'Arcachon）的生蠔（要和Marion Cotillard一起）之外的美好波爾多地區。

必買：CANELÉ LEMOINE樂穆瓦納可麗露

十三世紀時，蔗糖、蘭姆酒和香草遠從安地列斯群島運到波爾多港，激發了當地修女的靈感，製作了一種美味的圓柱形小蛋糕：可麗露。還有點微溫時，外脆內軟，最好吃。許多小烘焙店爭相被評選為全市之最。

56, rue Baudin, 33110 Le Bouscat
05 56 43 11 33
canele-lemoine.pagesperso-orange.fr

必逛：HALLES DE BACALAN新巴卡蘭大堂市集

位於海濱，搶盡了沙特龍（Chartrons）傳統市場的風頭。二十一個西南地區的美食攤位，「democrachic」風格（以豪華食材製作平民美食）的小酒館，西班牙的Tapas熟食店，還有肉販或魚販的即興佳餚，可以在外面的大桌進食，對面就是紅酒城（La Cité du Vin），當地相當有爭議的建築物。

149, quai de Bacalan, 33300 Bordeaux
05 56 80 63 65
biltoki.com

必吃：BRASSERIE LE NOAILLES 諾瓦耶小酒館

波爾多七鰓鰻，在多爾多涅河（Dordogne）捕捉的河魚，用血和一點來自波爾多的紅酒烹飪。濃郁醬汁中撒上蒜蓉麵包丁一起食用。是一道精緻的節慶料理，適合喜歡冒險的胃腸。

12, allée de Tourny, 33000 Bordeaux
05 56 81 94 45
lenoailles.fr

必買：SAINT-EMILION聖愛美隆

杏仁馬卡龍！就這麼簡單。在這個神話般的葡萄園村莊，它們仍然遵守著當地修女的百年配方。這就是正宗的古早味馬卡龍。

9, rue Guadet, 33330 Saint-Émilion
05 57 24 72 33
macaron-saint-emilion.fr

必玩：CHATEAU SMITH HAUT LAFITTE
史密斯拉菲特酒莊

人們在這裡學會「法國悖論」（French Paradox）並在波爾多歐緹麗飯店（Sources de Caudalie）進行「高級葡萄酒水療」

（vinothérapie）。西南部飲食風格（每天喝兩杯葡萄酒能長命百歲）當道：有機菜園、當代藝術、烹飪課程、可以欣賞葡萄園風光的房間、品酒小屋，當然還有水療。奢華又慢活。

33650 Bordeaux-Martillac
05 57 83 83 83
sources-caudalie.com

必宿：CHÂTEAU DU TAILLAN 太陽城堡

又稱「白雪夫人城堡」（Dame Blanche），是梅多克地區（Médoc）最美麗的城堡，十七世紀的優雅外牆，公園裡裝飾著粉紅色大理石祭壇裝飾屏。地下酒窖每天都能參觀（週日則須預約），並有許多葡萄酒相關活動（混酒或採摘葡萄教室）或家庭活動（在葡萄園野餐）。

56, avenue de la Croix, 33320 Le Taillan
05 56 57 47 00
chateaudutaillan.com

吃Bouchons（瓶塞小館）、在小巷中打轉、參觀里昂雙年展（La Biennale D'Art Contemporain）之外的美好里昂。

必買：QUENELLE 魚肉糕
當地最傑出的特產！現代的魚肉糕大約在1920年由一位豬肉商的兒子約瑟夫‧穆瓦恩（Joseph Moyne）發明，他以湯匙來幫魚肉糕塑形。魚肉糊裡有麵粉、奶油和牛奶（乳糖不耐症的人請勿服用），然後用小龍蝦、梭子魚、孔泰乳酪、蔬菜和香料來讓滋味更豐富。魚肉糕需以醬汁熬煮，在煮的過程中會膨脹一倍，並烘烤至表面金黃。在里昂大堂市集（Halles de Lyon），吉侯岱（Giraudet）的攤位不管在色彩和種類上都非常壯觀。

102, cours Lafayette, 69003 Lyon
04 78 62 34 05
boutiqueleshalles@giraudet.fr
halles-de-lyon-paulbocuse.com/com/giraudet

必訪：LA VOÛTE CHEZ LÉA 蕾雅拱穹餐廳
大快朵頤里昂所有的經典美食，小心，都是重量級美味！閒適輕鬆的週日美味午餐氛圍。

11, place Antonin-Gourju, 69002 Lyon
04 78 42 01 33
lavoutechezlea.com

必逛：ROSANNA SPRING 侯莎納春天
來自里昂的品牌。在這個漂亮的概念店裡，她和她挑選的設計師一起展出自己的家居裝飾品。法國製作的抹布「Love les p tites bêtes」（喜愛可愛小動物），以及華麗的甲蟲或鞘翅目圖案，讓廚房充滿詩意。

19, rue Longue, 69001 Lyon
04 78 39 25 18
rosannaspring.com

必吃：TARTE AUX PRALINES 焦糖塔
在1970年代被主廚Alain Chapel重新詮釋的古老豔粉色糕點，其顏色來自於多菲納（Dauphiné）地區吉耶爾河上的珍妮克斯（Saint-Genix-sur-Guiers）的果仁糖（Praline）。裹著糖衣的杏仁，在濃稠的奶油中煮熟，融化成濃郁而帶著酥脆顆粒的慕斯。

Chocolaterie – Pâtisserie Sève Musco
324, allée des Frênes, 69760 Limonest
04 69 85 96 38
boutique-seve.com

必玩：MUSÉE DES ARTS DÉCORATIFS 裝飾藝術博物館
奢華的貴族和資產階級用餐的大廳，探索幾個世紀以來的精緻與考究。與之相鄰的織物博物館（musée des Tissus）則展示里昂絲綢業的輝煌時期，是引人入勝的絕美行程。

34, rue de la Charité, 69002 Lyon
04 78 38 42 00
mtmad.fr

必吃：SAINT-MARCELLIN 聖馬爾瑟蘭乳酪
以多菲納超香濃牛乳製作的小型乳酪，由李察媽媽（la mère Richard，知名的Renée，於2014年逝世）乳製品工坊精心熟成。別擔心，接班人已經找到了，尤其還製作了邪惡的松露版乳酪！送給內行人的禮物。

Halles de Lyon Paul Bocuse
102, cours Lafayette, 69003 Lyon
04 78 62 30 78
halles-de-lyon-paulbocuse.com/com/mere-richard-fromage-saint-marcellin

必宿：FOURVIÈRE 富維耶旅館
前身是訪親修道院（couvent de la Visitation）。不在人潮鼎盛的旅遊路線上，但離里昂老城很近，由附近著名大教堂的建築師Pierre Bossan建於1854年。阿根廷藝術家帕布羅‧雷諾索（Pablo

Reinoso）在這裡安裝了一個壯觀的裝置藝術，而 Les Téléphones（電話餐廳）則面向修道院迴廊，提供里昂的小酒館美食，只是更清淡！

23, rue Roger-Radisson, 69005 Lyon
04 74 70 07 00
fourviere-hotel.com

走一段聖雅各朝聖之路，喝一杯阿里哥蝶（Aligoté）基爾餐前酒，克服對蝸牛的恐懼之外的美好布根地。

必買：JAMBON PERSILLÉ歐芹火腿凍
火腿丁裹上香料植物凍，是布根地的必備之選。La Ferme des Levées（起義農場）和它的主人賈克·沃拉提耶（Jacques Volatier）生產的火腿不僅非比尋常，還是有機的。
Les Levées, 21360 Lusigny-sur-Ouche
03 80 20 28 89

必逛：MAISON ROMANE羅曼尼酒莊
位於沃斯恩羅馬內埃（Vosne-Romanée），釀酒師歐宏斯·德·貝雷（Oronce de Beler）的十三世紀酒窖讓人難以忘懷。他仍舊以佩爾拾馬（percheron）來耕耘葡萄園，額外提供了令人驚異的品牌故事。
2, rue Sainte-Barbe, 21700 Vosne-Romanée
03 80 61 17 45
oroncio-maisonromane.com

必吃：CRÈME DE CASSIS 黑醋栗酒
在1970年代是最新的時尚，加入白葡萄酒後就成了著名的基爾餐前酒。經由手工挑選，去蕪存菁後的水果再經過浸漬，現在大家喜歡飯後才來一杯，原味，加一顆冰塊。就這麼簡單！
Liqueur Jean-Baptiste Joannet
4, rue Amyntas-Renevey, 21700 Arcenant
03 80 61 12 23
cremedecassis-joannet.com

必玩：FERME DE LA RUCHOTTE胡修特農場旅館
由佛德瑞克·梅納傑（Frédéric Ménager）經營，在這裡可以品嚐到布雷斯家禽的精髓。佛德瑞克跟他的有機菜園都很多采多姿！必須預約。
La Ruchotte, 21360 Bligny-sur-Ouche
03 80 20 04 79

必買：LA MOUTARDE DE BOURGOGNE布根地芥末
地道的當地風土產品，用芥末籽和AOC（原產地命名控制）等級白葡萄酒在布根地製成。自1840年以後在博訥（Beaune）地區獨立經營的法洛酒莊（la maison Fallot），是這一地區重新分配的贏家，設有博物館，品酒會也充滿感官體驗。當然，很嗆喔。
31, rue du Faubourg-Bretonnière, 21200 Beaune
03 80 22 10 02
fallot.com

必宿：CHANDON DE BRIAILLES布熙艾夏桐旅館
位於薩維尼萊博恩（Savigny-lès-Beaune）地區，置身妮可萊（Nicolaï）家族建於十八世紀初的瘋狂花園裡，不僅能享受頂級奢華的貴族體驗，附屬酒莊也很有名，必須品嚐生物動力農法的伯恩濟貧院一級園拉維耶特釀（Savigny-lès-Beaune premier cru les Lavières），並要求參觀酒窖。
1, rue Sœur-Goby, 21420 Savigny-lès-Beaune
03 80 21 50 97

吃鮮蝦可樂餅、留下一點啤酒燉牛肉（CARBONADE FLAMANDE）、再到大廣場的 Galopin（小淘氣餐館）、參觀郵局分檢中心之外的美好里爾（Lille）。

必買：DIX十啤酒
由位於里爾老城區的微型啤酒廠賽勒斯坦（Célestin）生產，也開放參觀。參觀後能了解啤酒的一切，包含啤酒花，還有釀酒師的一生跟作品。這很正常，創始人來自1740年就開始「製造氣泡」的釀酒師家族！

19, rue Jean-Jacques Rousseau, 59800 Lille
09 82 22 39 40
celestinlille.fr

必逛：LES BONS PÂTURAGES優良牧場

乳酪熟成廠坐落在一條漂亮的鵝卵石街道上，傳奇北方乳酪：瑪華乳酪（Maroille）、阿維訥小球乳酪（boulette d'Avesnes）等，和古老的高達乳酪（在北部被稱為荷蘭起司）散發著香味。至少對於那些喜歡「真正」乳酪的人來說是這樣。賣家很樂意讓你品嚐他們的寶物。

54, rue Basse, 59800 Lille
03 20 55 60 28
345, rue Léon-Gambetta, 59000 Lille
03 20 40 23 05

必吃：POTJEVLEESCH雜肉凍

簡稱為「potch」容易一點！或是「petit pot」（小鍋）肉，將放在微醋肉凍裡的美味兔肉、雞肉、豬肉及小牛肉組裝在一個陶盤裡。放涼之後在灑滿陽光的戶外餐桌上，配上薯條和啤酒享用，是當地令人羨慕的樂趣。

Au Vieux de la Vieille
2, rue des Vieux-Murs, 59000 Lille
03 20 13 81 64
estaminetlille.fr/auvieuxdelavieille

必玩：BLOEMPOT佛萊明小館

這個城市最傳奇的小館，才剛剛有點名氣。以有趣、有機的方式重新詮釋當地風土美食，而

且環境優美，也不模仿古風咖啡館（這很難得）。必須預約。

22, rue des Bouchers, 59800 Lille
bloempot.fr

必買：MÉERT梅埃爾格子鬆餅

小巧、鬆軟、芬芳的傑作（尤其是加了馬達加斯加香草的「正宗」版）被譽為連戴高樂將軍都很喜歡。這家成立於1761年的甜點店和茶沙龍是里爾的招牌去處，十九世紀的裝飾風格令人目不轉睛。

27, rue Esquermoise, 59000 Lille
03 20 57 07 44
meert.fr

必宿：VILLA PAULA寶拉別墅民宿

位於圖爾寬（Tourcoing）一座裝飾藝術風格豪宅內，以其精緻優雅、早餐和迷你概念店而聞名。酒店距離壯觀的舊游泳池博物館（Musée de la Piscine）和Mallet-Stevens的現代主義傑作「卡弗魯瓦別墅」（Villa Cavrois）只有一箭之遙。

44, rue Ma Campagne, 59200 Tourcoing
06 12 95 97 97
villapaula.fr

玩過Pelote回力球、戲弄小母牛、在舊港口吃炸花枝之外的美好比亞里茨（Biarritz）與西南部。

必買：LE FROMAGE DE BREBIS羊乳酪

用生乳製作的，歐索－伊拉提乳酪（Ossau-Iraty）和橄欖球員一樣，同屬巴斯克地區的代表，但前者比較容易成為旅行的伴手禮。自豪獲得世界上最佳未殺菌乳酪的稱號，可以搭配上好的黑櫻桃果醬一起享用。如果連盎格魯撒克遜人都開始喜歡生牛乳製品的話……

La ferme Kukulu
900 Kukuluiako Bidea, 64250 Espelette
05 59 93 92 20
fromagekukulu.com

必逛：LES HALLES DE BIARRITZ比亞里茨大廳

巴斯克文化多樣性的縮影，嘈雜的談話聲，濕淋淋的美麗魚兒，閃閃發光的火腿，驚人的眾多羊乳酪。這裡吃一小塊，那裡嚐一小片，來這裡的時候最好有點餓。更何況附近的小酒吧還邀請你入座邊喝邊吃呢！

11, rue des Halles, 64200 Biarritz
06 07 64 05 40
halles-biarritz.fr

必吃：LE GÂTEAU BASQUE巴斯克蛋糕

巴斯克蛋糕是一種傳統的寶物，金黃酥脆的麵皮，柔軟夾心裡有奶油、黑櫻桃果醬……或者，隨波逐流吧！加入某種柑橘類的夾心。杏仁奶油選項通常會贏得選票。有一點是肯定的，最好的是「Pariès」（帕西耶）的那款！

paries.fr
BOUTIQUE DE BAYONNE
14, rue du Port-Neuf, 64100 Bayonne
05 59 59 06 29
BOUTIQUE DE BIARRITZ
1, place Bellevue, 64200 Biarritz
05 59 22 07 52

必買：UHAINAPO衝浪板

侯曼・夏澎（Romain Chapron）採用輕盈、堅固又耐腐蝕的紅雪松，親手製作的衝浪板，是滑行運動的極致境界。會暈船的人，可以隨時把衝浪板掛在牆上，變身為茶几，或者直接買專門為人體衝浪設計的迷你板（hand planes），店家也提供人體衝浪活動。

114, avenue de l'Adour, 64600 Anglet
06 89 17 25 64
uhainapo.com

必玩：DOMAINE D'EGIATEGIA伊吉亞蒂基亞莊園

艾曼紐・波瓦莫（Emmanuel Poirmeur）把種在巴斯克海岸懸崖上的葡萄，釀酒之後把酒瓶浸泡在聖讓德呂（Saint-Jean-de-Luz）的海灣裡，不過，品嚐他的葡萄酒不需要穿上潛水服。世界上唯一在十五米深的地方釀造的葡萄酒，據説讓葡萄酒發現未知的香氣。

5 bis, chemin des Blocs, 64500 Ciboure
05 59 54 92 27
egiategia.fr

必宿：HÔTEL DU CHÊNE橡樹旅館

坐落在迷人的伊特薩蘇村（village d'Itxassou）的廣場上，這裡不一定能享受到最頂級的奢華，但可以從房間看到最美的巴斯克教堂鐘樓，並在紫藤花下享用巴斯克燉鴿（salmis de palombe），這是無價的！

Quartier de l'Église, 64250 Itxassou
05 59 29 75 01
lechene-itxassou.com

INDEX DES ADRESSES
地址索引

LE COUVERT 餐飲

茶館

EN VILLÉGIATURE 度假勝地

LES FLÂNERIES 私房景點

散步

直接來吧！

需要建議？

LE FOOD SHOPPING 美食獵人

LE SHOPPING 購物

美妝

概念店

休閒娛樂

時尚

REMERCIEMENTS
感謝

我們要向Anne de Marnhac致上最法式的謝意，感謝她為我們引薦我們最愛的編輯：Gaëlle Lassée、Kate Mascaro以及Florence Lécuyer。我們與編輯一起喝了不計其數的茶，開心笑鬧無以復加，並精心編製了這本「研究指南」，介紹愛發牢騷又愛誇口的古怪族群，也就是我們的同胞。

謝謝Antoine Choque推薦他的兒子Donald Choque以及其同黨Yoann Le Goff，為我們製作配圖。

謝謝歷史學家與講師普魯斯特夫人（Mme Proust），為我們提供通常巴黎人不太知道的巴黎口袋名單。

謝謝Hubert Poirot-Bourdain，為我們繪製幽默的插圖。

謝謝所有親愛的、所有朋友、所有死黨，你們以各自方式，不分遠近地共襄盛舉。